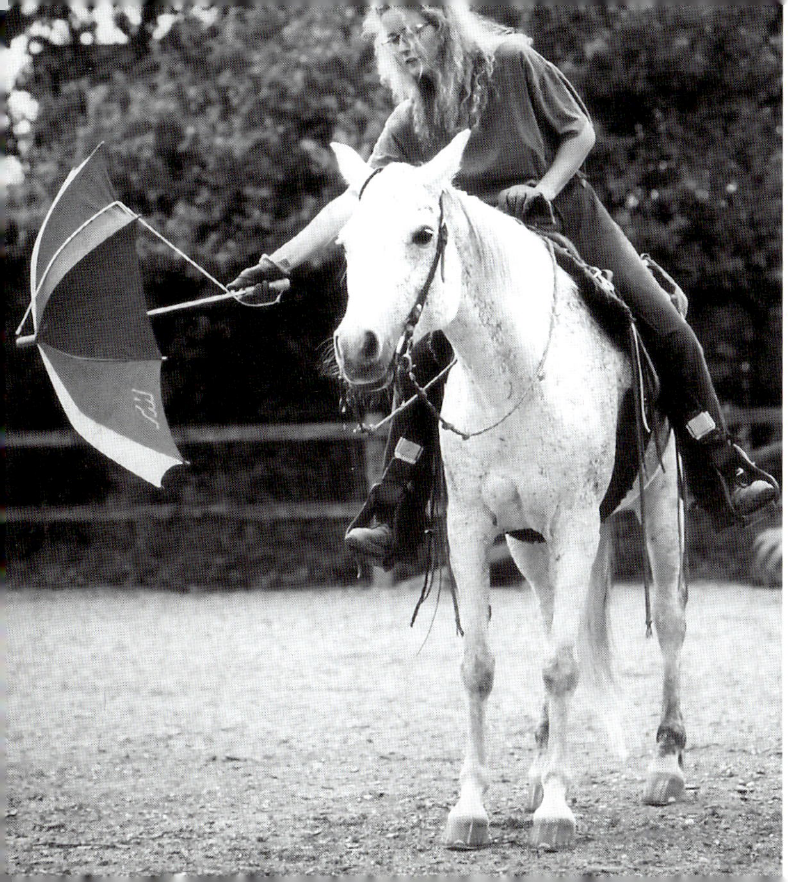

Gottlieb Fernau

Verlasspferde ausbilden

Vertrauensübungen · Stimme · Handarbeit

Körpersprache · Hindernis-Training

BLV ARBEITSBUCH PFERD

Inhalt

Einleitung

In früheren Jahren als so genannter Englisch-Reiter und später dann als Western-Reiter habe ich mich oft in Reitställen umgeschaut, an Ausritten und deren Vorbereitungen teilgenommen, bei Turnieren zugeschaut, mir das Verladen der Pferde angesehen und natürlich auf Turnieren mich mit anderen gemessen. Bei den vielen gewonnenen Eindrücken und Erfahrungen hat mich immer wieder eine Beobachtung besonders beschäftigt und diese Fragen aufgeworfen:

Warum bleiben die Pferde beim Putzen nicht ruhig stehen?

Warum gehen die Pferde nicht ruhig und richtig an der Hand?

Warum erschrecken sich die Pferde vor allen möglichen Gegenständen?

Warum gehen die Pferde nicht sofort in den Hänger?

Warum scheuen die Pferde vor Stangen, Planen, Brücken, Wippen, Toren, Fahnen etc.?

Kurzum, warum haben sie so wenig Vertrauen?

Nach Beobachtungen, Gesprächen und natürlich der eigenen Erfahrung bin ich zu dem Schluss gelangt, dass es dafür nur eine Antwort gibt: Es fehlt die entsprechende Grundausbildung wie Vertrauensübungen, Handarbeit bzw. Bodenarbeit; zumindest wurde sie vernachlässigt.

Da aber genau dies Grundvoraussetzung für die Ausbildung zu einem so genannten Verlasspferd oder besonders zu einem guten Trail-Pferd ist, soll dieses Buch die Wichtigkeit dieser Übungen unterstreichen und Hilfestellung sowie Anleitungen geben. Dabei sollen nicht nur die Western-Reiter angesprochen werden, sondern auch die Freizeitreiter sowie Freunde der Klassischen Reitweise. Ich bin überzeugt, dass jeder, wenn er die nachfolgenden Ratschläge befolgt, mehr Freude an und mit seinem Pferd haben wird; soviel Freude, wie ich mit meinem Sir Cocky Patrick und Dears Yellow Jacket.

Vertrauensübungen

Wenn Sie sich schon einmal die Zeit genommen haben, eine kleine oder größere Herde von Pferden auf einer Weide oder noch besser in einem großräumigen Gelände in Ruhe zu beobachten, so haben Sie festgestellt, dass eine ganz bestimmte Rangordnung unter den Mitgliedern der Herde besteht und es dabei ranghöhere und rangniedere Pferde gibt. Entscheidend dabei ist, dass die Leitstute oder der Leithengst absolutes Vertrauen genießt. Geht zum Beispiel das Leittier durch eine Wasserflut, so werden ihm alle anderen folgen. Oder nähert sich das Leittier einem vermeintlich bedrohlichen Gegen-

stand, so werden auch die anderen ihre Furcht davor abbauen bzw. verlieren.

Das Leittier stellt also die Basis für Vertrauensbildung dar, unterstreicht aber auch, wenn nötig, seine Dominanz. Diese natürliche Verhaltensweise gilt es auszunutzen. Das bedeutet: Der Reiter ist das Alpha-Tier, dem es zu gehorchen gilt, aber dem auch das volle Vertrauen entgegenzubringen ist. Sie müssen sich allerdings immer wieder vor Augen führen, dass ein Pferd nur dann gehorchen kann, wenn es Vertrauen zu Ihnen hat und wenn es Sie verstanden hat. Vertrauen und Verstehen kommt vor Gehorchen.

Vertrauen sollte aufgebaut werden zu Ihnen und zu dem, was Sie tun. Bevor Sie damit beginnen, sollten Sie sich entsprechend vorbereiten. Besorgen Sie sich ein Handtuch, eine nicht zu große Fahne, eine Plastiktüte, einen oder mehrere an einem Stab befestigte Luftballons und einen alten Schirm. Später kann ein so genannter Klappersack, Blechdosen in einem zugebundenen Sack, dazukommen. Legen Sie sich diese Gegenstände griffbereit zurecht und führen Ihr Pferd am Strick in ihre Nähe. Binden Sie Ihr Pferd auf keinen Fall an. Bevor Sie mit einem Gegenstand beginnen, bringen Sie Ihr Pferd dazu, ruhig zu

stehen. Dies ist unbedingt notwendig, damit eine Entspannung und die erste Stufe des Vertrauens entsteht. Benutzen Sie dabei Ihre Stimme; ein tiefes, langgezogenes »Whoa« wird Ihr Pferd schnell lernen und begreifen, dass dies das Kommando für ruhiges Stehenbleiben ist. Sodann berühren Sie Ihr Pferd mit Ihrer Hand bei langsamen Bewegungen nach und nach am ganzen Körper. Sobald es sich bewegt oder Angst zeigt, nehmen Sie Ihre Hand zurück und veranlassen es, durch ein ruhiges »Whoa« wieder ruhig stehen zu bleiben. Beginnen Sie wieder von vorne und Sie werden schnell erkennen, wann Ihr Pferd ruhig bleibt und wann es Angst zeigt. Steigern Sie nun die Übung, indem Sie mit dem Handtuch das Gleiche tun.

Aber Vorsicht, das Ganze sehr langsam; beobachten Sie die Ohren des Pferdes, denn diese zeigen Ihnen sofort ein eventuelles Unbehagen. Bemerken Sie ein Angstgefühl, vielleicht wenn Sie sich mit dem Handtuch dem Kopf nähern, sofort aufhören, beruhigen, und wieder an weniger empfindlicher Stelle neu beginnen. Halten Sie immer wieder den Strick locker, damit Ihr Pferd merkt, dass es Freiheit genießt. Niemals den Strick unter Zug halten, immer wieder lockern. Zeigt Ihr Pferd zuviel Unbehagen oder gar Angst, legen Sie eine Pause ein. Die Pause sollte darin bestehen, dass Sie mit dem Pferd einige Schritte gehen. Dabei können Sie ihm schon beibringen, Ihnen sofort zu folgen. Wenn Ihr Körper sich vorwärts bewegt, sollte es Ihnen sofort folgen. Achten Sie immer darauf, dass Ihr Pferd Sie dabei nicht überholt. Auch in der Herde geht das Leittier immer vorneweg. Verhindern Sie das Überholen durch wiederholten Zug am Strick, aber bitte nur Impulse geben, nicht durchgehend am Strick zurückziehen. Ich werde im nächsten Kapitel noch näher hierauf eingehen. Sodann führen Sie Ihr Pferd wieder in die Nähe Ihrer Hilfsmittel und beginnen Sie die Berührungsübungen z.B. mit einem Luftballon. Spätestens jetzt wird bewusst, wie wenig Vertrauen Ihr Liebling in solche Dinge hat. Gehen Sie bitte ganz behutsam vor und beenden Sie die Übung lieber zu früh als zu spät. Wenn Sie jeden Tag 2 Zentimeter

näher an den kritischen Bereich kommen, haben Sie gewonnen, ohne einen Kampf aufkommen zu lassen. Fangen Sie jeden Tag wieder mit dem Gegenstand an, zu dem schon das größte Vertrauen besteht. Wenn Sie mit diesem Gegenstand über Ohren und Kopf streichen können, werden Sie sich über

Ihr Erfolgserlebnis freuen und Ihr Pferd wird von Tag zu Tag mehr Vertrauen zu Ihnen und dem, was Sie mit ihm tun, entwickeln. Erst dann benutzen Sie die so fürchterlich »gefährlichen« Dinge wie Fahne oder Schirm. Benutzen Sie die Fahne, Sie können auch ein an einem Stock befestigtes Tuch nehmen, an-

fänglich in aufgerolltem Zustand. Ihr Pferd wird Ihnen schon zeigen, wann Sie es wagen können, die Fahne langsam aufzuwickeln. Wenn Sie behutsam vorgehen, werden Sie in 3–4 Wochen die Fahne Ihrem Pferd über den Kopf ziehen können. Den Schirm verwenden Sie natürlich auch erst in geschlossenem Zustand. Erst wenn dabei keine Probleme entstehen, den Schirm langsam öffnen. Denken Sie bitte dran, dass für Ihr Pferd der Gegenstand plötzlich größer wird. Das bedarf natürlich einer Gewöhnungszeit, langsam ist mehr. Ein Plastiksack z.B. von einem Futtersack ist wieder etwas sehr Schreckliches. Aber Sie haben ja längst gelernt, Ihr Pferd dabei zu beobachten und entsprechend zu reagieren.

Da wäre noch der Klappersack. Sie hatten einige Dosen gesammelt, in einen Sack gesteckt, Plastik oder Stoff, und zugebunden. Beginnen Sie die Übung mit Schütteln des Sackes in ausreichender Entfernung. Entsprechend der Reaktion Ihres Pferdes nähern Sie den Sack dem Pferdekörper, bis hin zur Berührung, bis Sie Ihrem ruhig stehenden Pferd den Sack auf den Hals »schlagen« können. Sie glauben das nicht? Doch, es geht mit jedem Pferd; es liegt nur an Ihnen. Denken Sie nur immer daran, dass das nicht von heute auf morgen gelingt. Aber es gelingt, wenn Sie geduldig sind, Ihr Pferd immer beobachten und es nicht überfordern. Lassen Sie niemals einen Kampf aufkommen. Vertrauen kann nur langsam und

mit Geduld aufgebaut werden.
Ich fasse das Wichtigste noch einmal zusammen: Binden Sie bei diesen Übungen Ihr Pferd nicht an. Halten Sie die Führleine so locker wie möglich. Beginnen Sie mit dem für das Pferd weniger gefährlichen Gegenstand. Vorsichtig an Brust, Flanke, Bauch, Kruppe, Rücken entlang streichen bis hin zum Hals und Kopf. Beobachten Sie Ihr Pferd und hören Sie auf, wenn sich Angst einstellt. Lassen Sie Ihr Pferd bei Unbehagen ruhig rückwärts oder seitwärts treten und beruhigen Sie es mit einem ruhigen »Woah«. Legen Sie kleine Pausen ein und lassen Ihren Schützling sich entspannen. Bleiben Sie immer ruhig und nehmen Sie sich Zeit.

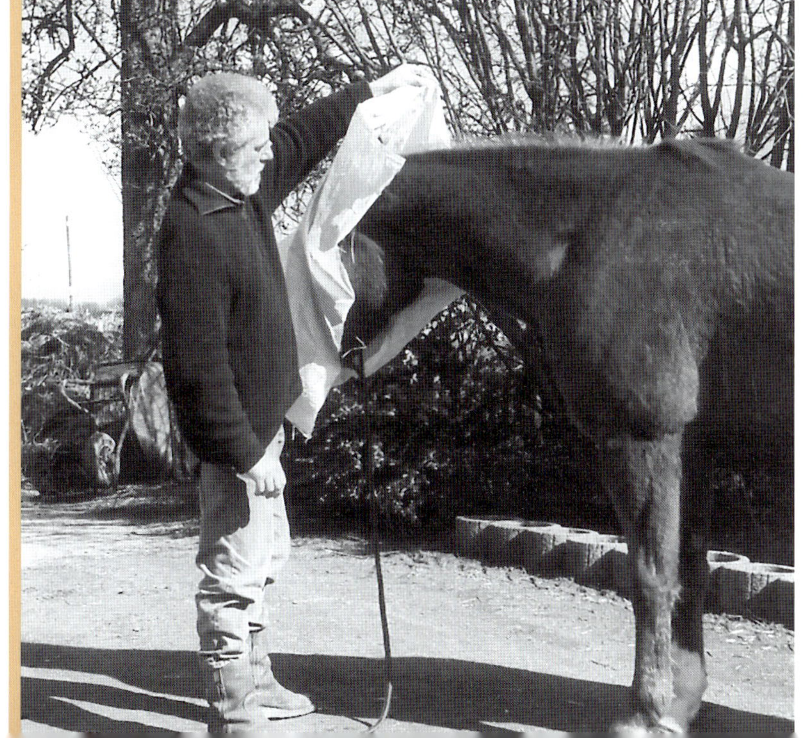

Dieses Pferd zeigt ein Höchstmaß an Vertrauen.

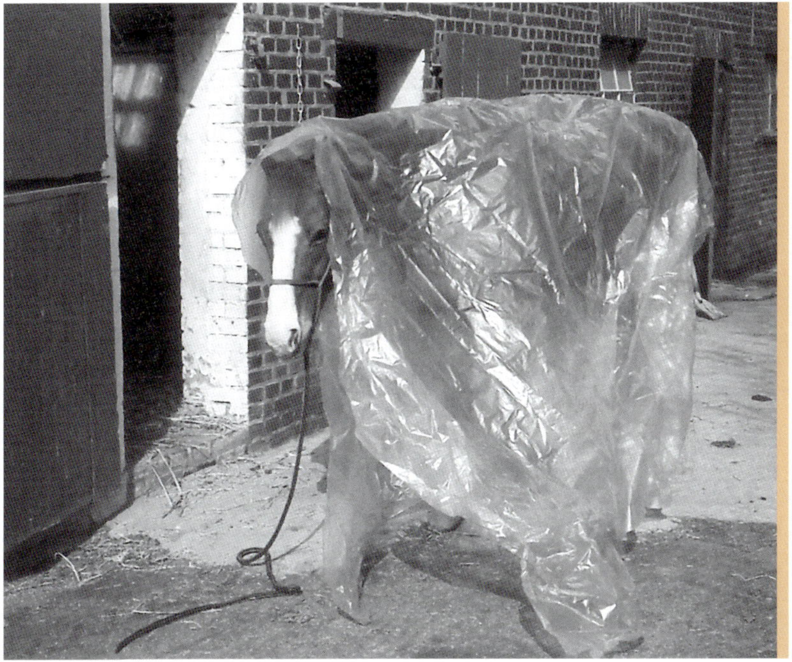

Führen, Anhalten, Rückwärtsrichten

Schon erwähnt habe ich, dass Sie die Alpha-Stellung und Ihr Pferd die untergeordnete Position innehaben sollten. Dies gilt insbesondere beim Führen des Pferdes, beim Anhalten und wenn Sie es zum Rückwärtsrichten bewegen wollen. Aber gerade hier sieht man immer wieder entgegengesetzte Bilder. Unweigerlich wird man sehr häufig an das Beispiel: »Dackel führt Oma« erinnert. Dabei sollte man wissen, dass gerade diese oben angeführten 3 Dinge nicht nur die wichtigsten, sondern auch die einfachsten Übungsmethoden sind, um dem Pferd die Unterordnung und den damit verbundenen Gehorsam beizubringen.

Halten Sie den Führstrick in der rechten Hand (Sie stehen links neben dem Pferd) und in der linken Hand halten Sie eine lange Gerte. Apropos Gerte: Sie dient lediglich als Verlängerung Ihrer Hand und nicht als Schlaginstrument. Sie stehen in Kopfhöhe Ihres Pferdes, geben das Kommando »Come on« und gehen vorwärts. Da Sie damit rechnen müssen, dass sich Ihr Pferd nicht gleichzeitig in Bewegung setzt, haben Sie die Gerte in Ihrer linken Hand nach hinten gerichtet und geben damit blitzschnell einen leichten Touch an den hinteren Teil des Pferdekörpers. Verwundert wird Ihr Pferd nach vorne gehen.

Oder auch nicht. In diesem Fall hat Ihr Pferd noch nicht verstanden, was Sie von ihm wollen. Denken Sie daran, ohne Verstehen gibt es kein Gehorchen. Sollte also das Pferd Ihnen anfangs nicht folgen, widerstehen Sie der Versuchung, lediglich stärker am Führstrick zu ziehen. Abgesehen davon, dass das Pferd allemal stärker ist als Sie, werden Sie es damit nur beunruhigen und es wird nur noch weniger verstehen. Bleiben Sie ruhig und beginnen von Neuem. Stellen Sie sich in Kopfhöhe neben das Pferd, geben das Stimm-Kommando »Come on«, gehen gleichzeitig vorwärts und geben einen leichten

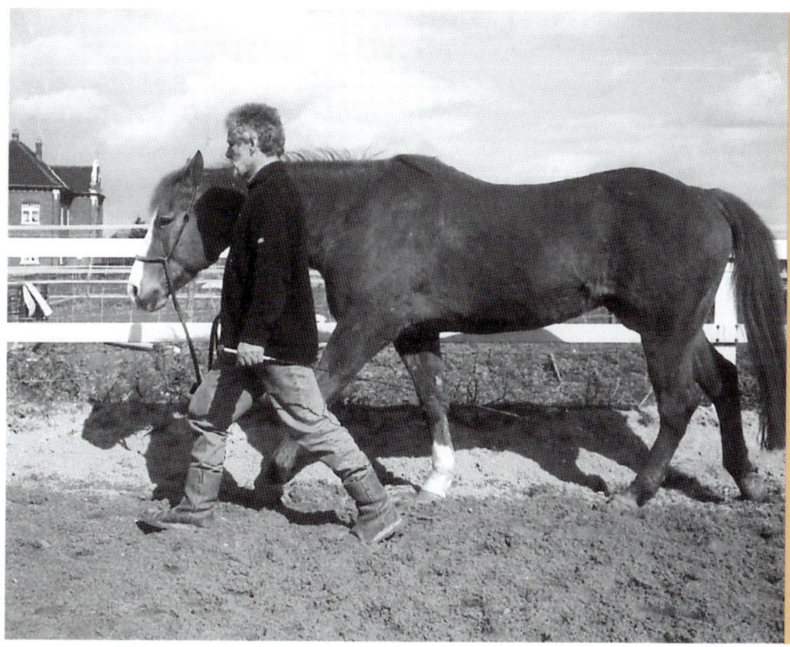

Die Gerte zeigt nach hinten für das Vorwärtsgehen.

Impuls am Führstrick. Die nach hinten gerichtete Gerte in der linken Hand kann bei Bedarf wieder vorsichtig eingesetzt werden. Gehorcht es schließlich, gehen Sie ruhig 10–20 Meter vorwärts und bereiten sich dabei auf die Übung »Stehenbleiben« vor, indem Sie die Gerte langsam waagerecht kurz vor die Brust des Pferdes postieren. Sie wollen nun stehen bleiben und erreichen, dass auch Ihr Pferd dem Stopp Ihres Körpers folgt und ebenfalls stehen bleibt. Da Ihr Pferd einige Meter Schritt gegangen ist, kann es sein, dass es etwas abgelenkt ist oder träumt. Deshalb sprechen Sie es erst mit seinem Namen an und geben dann das Kommando. Also z.B.: »Bubiii ... Whoa«. Gleichzeitig zum »Whoa« bleibt Ihr Körper stehen, Sie geben am Führstrick einen Impuls rückwärts-abwärts und begrenzen die Brust des Pferdes durch die vorgehaltene Gerte — gegebenenfalls mit einem leichten Stups der Gerte gegen die Brust. Erwarten Sie nicht, dass dies sofort funktioniert. Nach mehrmaligen Versuchen wird Ihr Pferd aber verstehen und gerne gehorchen, zumal Sie ihm dann als guter Horseman eine kleine Ruhepause gönnen und mit ausgiebigem Lob nicht sparen.

Achten Sie bei dieser Übung des Folgens und Stehenbleibens stets darauf, dass das Pferd Sie nicht überholt. Dies dient nicht nur dem

Die Gerte zeigt vor die Brust für den Stop.

Gehorsam, sondern auch Ihrer eigenen Sicherheit. Denn wenn das Pferd sich beim Führen oder in der Ruhephase einmal erschrecken sollte, sind Ihre Füße mehr in Sicherheit als wenn es neben Ihnen geht. Wiederholen Sie diese Übung so lange, bis Ihr Pferd Ihrem Körper folgt oder stehenbleibt, wenn Sie stehenbleiben, ohne dass die Gerte nötig ist und ohne dass Sie am Strick ziehen müssen. Auch das »Come on« und das »Whoa« wird dann irgendwann nicht mehr erforderlich sein.

Erst wenn Sie soweit sind, können Sie zum Rückwärtsrichten überge-

hen. Das Pferd ist Ihnen sofort willig gefolgt und auch auf Ihr Kommando und Ihre Körpersprache stehen geblieben und hat Sie nicht überholt. Sie haben die Gerte wieder in der linken Hand und in der rechten den Strick. Bewegen Sie Ihren Körper langsam rückwärts, tippen mit der Gerte gegen die Pferdebrust und begleiten dies mit Ihrem mehrmaligen Kommando »Back«. Ein wiederholter rückwärts-abwärts gerichteter Impuls am Führstrick unterstützt das Ganze. Ziel ist der Gehorsam auf das Kommando »Back«. Ich befürworte es grundsätzlich, sich der englischen Begriffe zu bedienen. Nicht weil es auf Außenstehende eventuell toll wirkt, sondern weil die englischen Kommandos prägnanter sind als die deutschen und für das Pferdeohr einfacher zu lernen sind.

Ihr Pferd muss also verstehen lernen, was »Back« bedeutet. Haben Sie damit Schwierigkeiten, wenn Sie seitwärts vom Pferd stehen, so stellen Sie sich vor das Pferd, drücken es impulsartig am Halfter zurück, unterstützen dies durch Druck gegen die Pferdebrust und vergessen nicht, »Back ... back« zu sagen. In dem Moment, wenn Sie merken, dass das Pferd rückwärts treten will, wird der Druck sofort verringert, die Hand gibt nach. Meistens geht das Pferd beim erstenmal nur einen Schritt zurück. Das genügt, lassen Sie es sich ausruhen und loben Sie es. Sollte das Pferd die Tendenz haben, seitwärts wegzugehen, so machen Sie die Übung auf dem Hufschlag eines Reitplatzes oder einer Halle. Wichtig ist, dass Sie den Druck verringern oder ganz weglassen, sobald das Pferd sich rückwärts bewegt, und ermutigen Sie es, den oder die Schritte auch zu vollenden. Hat sich der Erfolg eingestellt, gehen Sie zurück zu der Geh- und Stopp-Übung und versuchen Sie das Gleiche neben dem Pferd stehend. Da das Pferd langsam lernt, was »Back« bedeutet, wird es auch bald dieses Kommando mit Ihrer körperlichen Rückwärtsbewegung in Verbindung bringen und schließlich nach dem Anhalten willig rückwärts gehen, so wie Sie es tun.

Bringen Sie in diese 3 Übungen (hinter Ihnen folgen, anhalten, rückwärts gehen) etwas Abwechslung hinein.

Benutzen Sie dabei nicht nur den Reitplatz oder die Halle. Gehen Sie mit Ihrem Pferd mal ein Stück ins Gelände oder lassen es beim Führen einmal über einen Balken treten. Das ist nicht nur für Ihr Pferd abwechslungsreicher, sondern es zeigt Ihnen auch den Grad des Gehorsams auf. Üben Sie täglich ein wenig, aber kontinuierlich, und werden Sie nicht ungeduldig. Sie sollten Ihr Pferd niemals strafen, weil es etwas verkehrt gemacht hat. Ein betontes »Naah ...« Ihrer Stimme reicht hierfür völlig. Pferde sind von Natur aus willig und lerneifrig. Man muss dem Pferd nur klar verständlich machen, was man von ihm erwartet.

Sind Sie bei diesen Übungen mit Ihrem Partner zufrieden, d.h. er folgt Ihrem Körper spontan und willig, er bleibt sofort ruhig stehen und er geht auch mit Ihnen rückwärts, so können und sollten Sie dem Ganzen noch ein I-Tüpfelchen aufsetzen. Schon während dieser Übungen an der Hand können Sie dem Pferd beibringen, seinen Hals zu entspannen, im Genick abzuknicken. Veranlassen Sie das Pferd, Kopf und Hals nach unten (Hals waagerecht) zu bringen. Zupfen Sie am Strick nach unten, begleitet mit dem Wort »Down«; zupfen, nachgeben, zupfen, nachgeben ... Das Pferd wird dies sehr schnell begreifen und merken, dass es viel bequemer ist, mit waagerechtem Hals zu gehen oder ruhig zu stehen. Aber auch hier ist Geduld oberstes Gebot und vergessen Sie nicht zu loben.

Bodenarbeit an der Hand

Nachdem Ihr Pferd Vertrauen gefasst hat in diverse Gegenstände, mit denen Sie seinen Körper berührt haben, gelernt hat, ruhig und entspannt neben Ihnen zu gehen, anzuhalten und rückwärts zu treten, gilt es nun, weiteres Vertrauen aufzubauen in auf dem Boden befindliche Gegenstände und weitere Wortkommandos zu erlernen, die die spätere Arbeit aus dem Sattel heraus wesentlich erleichtern. Alle meine Pferde, egal in welcher Reitdisziplin sie eingesetzt werden, sind mit einem Trail-Parcours vertraut gemacht worden. Ich bin der Meinung, dass jedes Pferd, egal ob Dressurpferd oder Springpferd,

letztlich davon profitiert, wenn es die verschiedensten Objekte akzeptieren lernt. Das gilt z.B. auch für den Straßenverkehr oder für Wanderritte. Ist es nicht immer wieder erschreckend zu sehen, wie Pferde auf der Straße oder im Gelände Angst vor Autos, Pfützen, Mülltonnen etc. haben, nicht auf Hilfen reagieren und mangels Vertrauen die Flucht ergreifen? Nicht zuletzt haben es diese Pferde dringend nötig, Vertrauen in Reiter und Umgebung zu erwerben. Das Vertrauen des Pferdes in Reiter und Umgebung muss so groß sein, dass, wenn wirklich Merkwürdiges geschieht, das Pferd immer unter Kontrolle des

Reiters bleibt. Es muss dem Reiter gestatten, es zu beruhigen, anstatt dem natürlichen Fluchtimpuls nachzugeben. Der Aufbau eines solchen Vertrauen ist nur möglich mit sechs Füßen auf dem Boden. Wenn ein Pferd nicht an der Hand gelernt hat, durch eine Pfütze oder über eine Plane zu gehen, so werden Sie es aus dem Sattel heraus kaum dazu bewegen können, es sei denn mit viel Kampf; und den muss man immer vermeiden.

Über Stangen treten – Cavaletti

Bevor Sie mit der Übung beginnen, haben Sie auf dem Reitplatz oder auf dem Hallenboden eine Stange und ein Cavaletto deponiert. Steht Letzteres nicht zur Verfügung, können Sie auch eine Stange nehmen und diese an beiden Enden auf einen geeigneten Gegenstand legen. Die Höhe sollte nicht über 30 cm liegen.

Führen Sie Ihr Pferd mit Halfter und Strick zunächst auf einem Zirkel und achten auf die schon bekannten Dinge wie nicht Überholen, möglichst waagerechter Hals, halten Sie mit »Whoa« an und lassen es mit »Back« rückwärts treten. Gehen Sie nun langsam auf die Stange zu und schreiten selbst darüber. Nimmt Ihr Pferd den Kopf herunter, um quasi das Hindernis zu testen, so hindern Sie es auf keinen Fall daran. Das Absenken des Kopfes ist sehr wichtig, ich komme später noch eingehender darauf zurück. Geht Ihr Pferd darüber, so begleiten Sie das Hochheben der Hufe mit einem deutlichen »Up« bei jedem Übersetzen der Beine. Folgt Ihr Pferd nicht, so muntern Sie es mit »Come on« dazu auf und beginnen ganz ruhig wieder von Neuem. Gehen Sie immer mit über die Stange und heben Sie dabei extrem Ihre Beine. Ihr Pferd wird sich dies abgucken und auch ohne Berührung über die Stange treten. Wichtig ist das langsame Heranführen an die Stange. Damit geben Sie dem Pferd die Chance, in richtigem Abstand vor und nach der Stange aufzuhufen. Das Hinübertreten sollte auch in gleichbleibendem Tempo erfolgen. Ist Ihr Pferd nachlässig und berührt mit einem oder mehreren Hufen (anfänglich besonders die Hinterhand) die Stange, so gehen Sie in gleicher Weise über die erhöhte Stange (Cavaletto). Das dortige Anschlagen an die Stange ist dem Pferd unangenehm und es wird beim nächsten Versuch von sich aus die Beine höher heben.

Führen Sie Ihren Vierbeiner stets gerade, also im rechten Winkel, über die Stange und achten darauf, dass Ihr Pferd das Hindernis aufmerksam beobachtet. Das korrekte Hochheben der Beine kann bei nachlässigen oder unaufmerksamen Pferden ein Problem sein. Werden Sie in diesem Fall nicht ungeduldig und strafen Sie Ihren Liebling nicht. Er hat nur noch nicht verstanden, dass die Beine hochzuheben sind.

Wenden Sie statt dessen die folgende Hilfe an: Sie nehmen den Führstrick in die linke Hand (etwas länger halten) und haben in der rechten Hand eine Gerte. Gehen Sie gerade auf die Stange zu und überschreiten diese nur mit Ihrem linken Bein. Indem Sie Ihren Körper um 45° zum Pferd drehen, führen Sie Ihren ausgestreckten Arm weit ausholend weiter und damit das Pferd über die Stange. Gleichzeitig tatschen Sie mit der Gerte vorne gegen das Röhrbein des Pferdes und begleiten dies mit Ihrer Stimme »Up«. Da bekanntermaßen das Pferd einem Druck weicht, wird es auf Grund der Berührung mit der Gerte sein Bein wegnehmen, sprich hochheben. Nach etwas Übung Ihrerseits können Sie das Berühren mit der Gerte auch vollziehen, ohne dabei stehen zu bleiben. Wichtig ist, dass Sie die Beine vorne berühren und nicht von hinten, sowie gleichzeitig das deutliche Stimmkommando »Up« geben. Im Laufe der

Die linke Hand führt das Pferd weiter, die Gerte ist einsatzbereit.

Zeit lernt das Pferd, das »Up« zu verstehen, sodass Sie die Gerte entbehren können.

Vorhandwendung

Schon an der Hand im Rahmen der Bodenarbeit sollte die Vorhandwendung erlernt werden.
Führen Sie Ihr Pferd von der linken Seite aus, wie schon besprochen, auf einen Zirkel und halten mit ihm gemeinsam bei »Whoa« an. Wenden Sie sich zum Pferd und nehmen den Strick in die linke Hand. Aus dieser Stellung können die Hilfen für die Vorhandwendung – links gegeben werden. Bevor Sie beginnen, sollte das Pferd »Square« stehen, d.h. mit geschlossenen Beinpaaren. Gegebenenfalls müssen Sie dies mit einer leichten, vorsichtigen

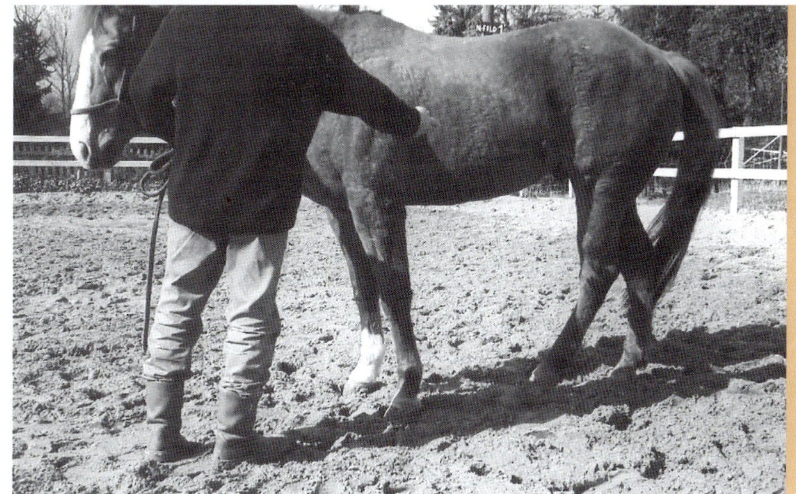

Vorhandwendung.

Vorwärtshilfe zu erreichen versuchen. Mit der linken Hand am Strick holen Sie den Kopf des Pferdes etwas zu sich, damit der Hals nach links gebogen ist. Sodann geben Sie mit der rechten Hand (oder einem Finger) Druckimpulse an der Stelle des Pferdekörpers, an der später der Reiterschenkel ansetzt. Unterstützen Sie dies mit dem Kommando »Turn«. Die linke Hand hält den Pferdekopf und damit die Vorhand fest. Je nach Sensibilität des Pferdes wird es bald mit der Hinterhand ein bis zwei Schritte herumsetzen. Nach ausgiebigem Loben wiederholen Sie die Übung und es wird nicht lange dauern, bis Ihr Pferd nur bei Anheben Ihrer rechten Hand sowie Ihrer Stimme

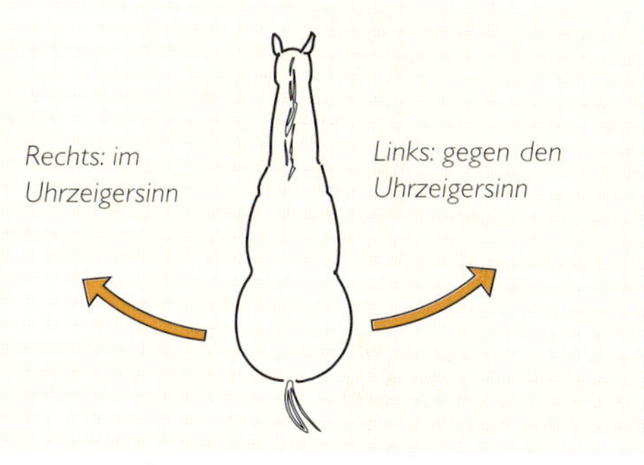

Drehrichtung bei der Vorhandwendung.

mit der Hinterhand um die Vorhand treten wird. Selbstverständlich üben Sie das auch von der anderen Pferdeseite für die Vorhandwendung – rechts.

Schon an dieser Stelle möchte ich auf einen sehr verbreiteten Fehler eingehen, der den Reitern bei einer Prüfung zum Verhängnis werden kann. Bei einer Vorhandwendung – links dreht der Pferdekörper gegen den Uhrzeigersinn, bei einer Wendung rechts im Uhrzeigersinn.

Hinterhandwendung

Auch die Hinterhandwendung kann das Pferd an der Hand lernen. Ziel ist es, dass es mit der Vorhand einen Kreisbogen um die Hinterhand beschreibt, ohne mit der Hin-

terhand wegzutreten. Dabei soll das innere Hinterbein möglichst auf dem Punkt bleiben und das äußere Hinterbein mit kleinen engen Schritten herumsetzen. Zur Hinterhandwendung – links führen Sie Ihr Pferd so auf dem Hufschlag, dass sich die Bande oder der Zaun eng an seiner rechten Seite befindet. Nachdem Sie gestoppt haben und das Pferd ruhig steht, gehen Sie langsam um den Kopf herum, bis Sie etwas an der rechten Seite des Pferdekopfes vor dem Pferd stehen. Ihre rechte Hand bleibt am Strick, eng am Halfter. Nun führen Sie mit der rechten Hand den Kopf – Hals des Pferdes auf dem Kreisbogen in Richtung Bahn, mit dem Kommando »Round«. Das Ganze langsam Schritt für Schritt. Spätestens bei

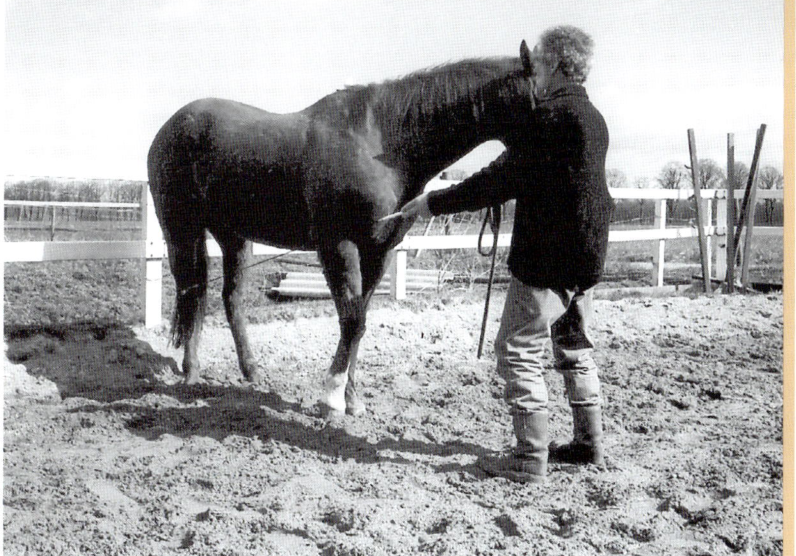

Die Gerte verhindert das Wegtreten der Hinterhand.

90° zur Bande sollten Sie abstoppen, denn nun kommt der kritische Moment. Die bisherige Begrenzung des rechten Hinterbeines durch die Bande fällt nun weg. Anfänglich wird deshalb Ihr Pferd, wenn Sie es weiter drehen, mit der Hinterhand wegtreten.

Um dies zu vermeiden, müssen Sie Ihre freie linke Hand weit in Richtung Hinterhand ausstrecken. Verlängern Sie Ihre Hand mit Hilfe einer Gerte, die Sie an die Hinterhand legen, um so das Wegtreten zu unterbinden. Wenn Sie ruhig bleiben und bei kleinstem Erfolg kräftig loben, wird Ihr Pferd das schnell begreifen. Für die Wendung zur anderen Seite gehen Sie auf den anderen Hufschlag und verrichten die Übung mit umgekehrten Hilfen.

Rückwärts durch Stangen

In einem vorangehenden Kapitel wurde schon besprochen, wie man dem Pferd das Rückwärtsrichten aus dem Führen heraus mit Stimme und der Bewegung des menschlichen Körpers beibringt.

Nicht nur bei Western-Turnieren, sondern auch im Gelände oder sogar in der Stallgasse können Gegenstände liegen, durch die das Pferd rückwärts treten soll. Deshalb ist das Trainieren solcher Übungen auch für »Englischreiter« sehr von Vorteil. Es bedarf nämlich einer gehörigen Portion Vertrauen seitens des Pferdes, durch Gegenstände oder um solche herum rückwärts zu treten, weil das Blickfeld des Pferdes nach hinten sehr eingeschränkt oder gar nicht vorhanden ist. Auch hier sollte das Pferd dieses Vertrauen an der Hand lernen. Legen Sie zu diesem Zweck zwei Holzstangen (Springstangen) parallel im Abstand von 120 cm auf den

Boden. Um von vorneherein Probleme zu minimieren, führen Sie Ihr Pferd vorwärts durch die Stangen, indem Sie vorgehen. Hindern Sie es nicht daran, die Stangen aufmerksam zu betrachten. Das Pferd wird dies sehr schnell lernen, zumal Sie als »Alpha« es ihm ja auch vormachen.

Als zweiten Schritt fordern Sie es mit den nun schon bekannten Hilfen auf, innerhalb der Stangen stehen zu bleiben. Auch hier verhindern Sie nicht den eventuellen Wunsch, die Stangen eingehender zu betrachten. Üben Sie das so lange, bis das Pferd ruhig und entspannt stehen bleibt; vergessen Sie nicht zu loben.

Im dritten Schritt können Sie mit dem Rückwärtsrichten beginnen.

Stellen Sie sich dazu Auge in Auge vor Ihr Pferd. Mit dem Kommando »Back« fordern Sie es zum Rückwärtstreten auf. Vermutlich wird nicht sofort eine Reaktion erfolgen, auch wenn Ihr Pferd bei der Führarbeit problemlos rückwärts geht. Der Grund liegt natürlich in den Stangen. Deshalb unterstützen Sie Ihr »Back« mit leichtem Klopfen gegen die Brust oder vorsichtigen Impulsen am Strick in Richtung Pferd.

Folgen ein oder zwei Rückwärtsschritte, so unterbrechen Sie und loben ausgiebig. Bei der Wiederholung werden es dann schon drei, vier oder mehr Schritte, bis das Pferd aus den Stangen herausgetreten ist. Sollte Ihr Vierbeiner anfänglich dazu tendieren, seitwärts weg-

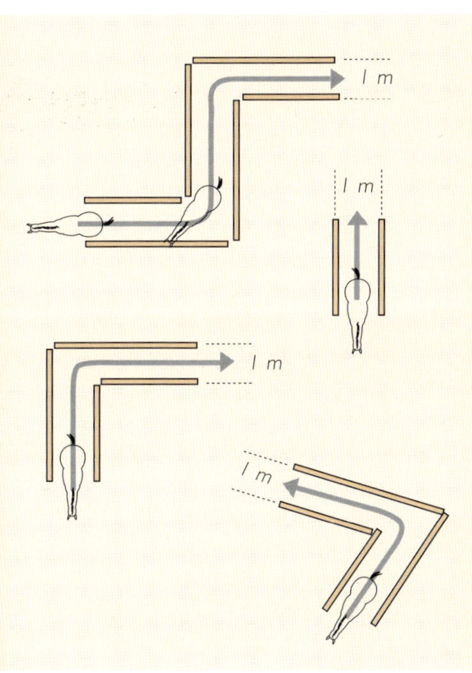

Rückwärtshindernisse mit Stangen.

zutreten, vor allem mit der Hinterhand, so bleiben Sie bitte ganz ruhig und geben ihm weitere unterstützende Hilfen. Das seitwärts Wegtreten der Vorhand versuchen Sie am Führstrick zu regulieren. Bei der Hinterhand ist dies schon schwieriger. Entweder Sie nehmen eine lange Gerte und halten diese als Begrenzung ausgestreckt neben den Pferdekörper. Oder Sie legen die Stangen direkt an die Bande bzw. Koppelzaun. So haben Sie schon mal eine Seite abgesichert und können sich mit der begrenzenden Gerte der anderen Seite zuwenden.

Ist das Vertrauen soweit gefestigt, dass Sie anhalten können und Ihr Pferd rückwärts tritt, so führen Sie das Pferd zu Beginn immer weiter nach vorne zum Ende der Parallele, bis schließlich nur noch die Hinterhand innerhalb der zwei Stangen steht, wenn Sie stoppen. Je weiter Sie das Pferd aus der Parallele herausführen, umso schwieriger wird der Beginn des Rückwärtstretens. Wundern Sie sich bitte nicht über eine solche dann weigernde Reaktion des Pferdes. Denn gerade das rückwärtige Einfädeln zwischen den Stangen ist der schwierigste Teil der ganzen Übung. Das braucht Zeit und fordert von Ihnen viel Geduld. Auf keinen Fall dürfen Sie das bis dahin gewonnene Vertrauen des Pferdes zerstören. Jeder Dezimeter, den Sie weiter nach vorne aus der Parallele heraustreten lassen können und das Pferd geht willig rückwärts, ist ein Gewinn. Schließlich

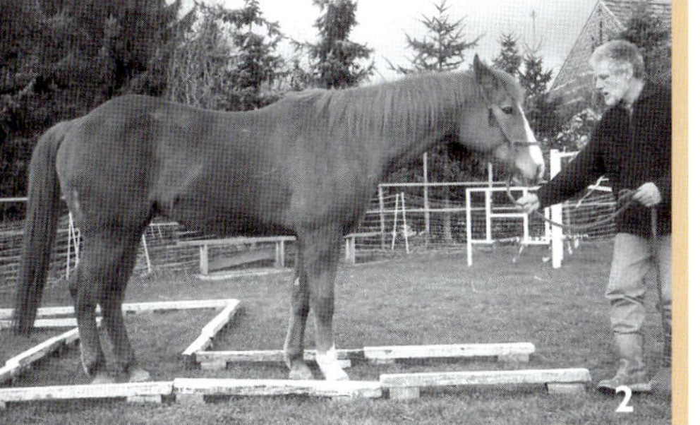

Abfolge durch ein Stangen-Z

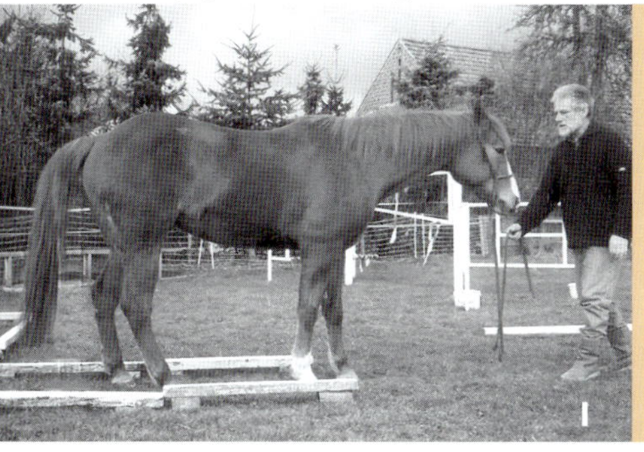

Wenn die Hinterhand in der ersten Kurve angelangt ist, tritt der Führer nach links und lenkt sie auf diese Weise herum.

wird die Hinterhand ca. 50 cm außerhalb der parallelen Stangen stehen und das Pferd wird vertrauensvoll rückwärts gehend in die Parallele treten bis zum Ende. Achten Sie darauf, dass das Pferd langsam rückwärts tritt, nur begleitet letztlich durch Ihr »Back« und Ihrem ihm folgenden Körper.

Da nun im Gelände oder in der Stallgasse oder in einer Trail-Prüfung die Richtung einer solchen Hindernisgasse nicht nur gerade verlaufen muss, sollten auch Winkel geübt werden. Aus Übungszwecken sollten diese Winkel nur Schritt für Schritt verengt werden, weil die entstehenden Ecken eine neue Schwierigkeit darstellen. Um das Hindernis auf den Boden zu legen, bedarf es weiterer Stangen. Legen

Sie also zwei weitere Stangen an einem Ende der beiden parallelen Stangen in möglichst stumpfem Winkel. Führen Sie Ihren Vierbeiner wieder erst langsam vorwärts durch die Stangen bis zum Ende. So lernt das Pferd schon die Kurve kennen. Nach dem Stopp stellen Sie sich wiederum vor das Pferd und lassen es langsam rückwärts treten. Achten Sie darauf, dass der Hals gerade gehalten wird. Sobald sich die Hinterbeine in der Kurve befinden, halten Sie mit »Whoa« an. Das Pferd soll lernen, dass es in der Ecke langsam werden muss. Nun treten Sie langsam nach links aus den Stangen heraus und drücken am Führstrick den Pferdehals von Ihnen aus gesehen auch nach links, sodass Kopf und Hals Ihrem Kör-

per folgen (siehe Bild 2 und 3 der Abfolge). Gleichzeitig geben Sie das »Back«-Kommando und gehen ein wenig nach vorne. Da das Pferd normalerweise von sich aus nicht auf die Stangen treten möchte, wird automatisch die Hinterhand nach links treten (aus Ihrer Sicht nach rechts) und so um die Kurve treten. Wichtig ist, dass Sie dies langsam Schritt für Schritt praktizieren. Sie lenken also mit Ihrem Körper und leichter Hilfe am Strick Ihr Pferd rückwärts um die Ecke. Lassen Sie dabei keine Unruhe aufkommen, sondern bleiben Sie lieber stehen und fordern Schritt für Schritt die Rückwärtsbewegung. Egal ob die Übung gut verlaufen ist oder nicht, loben Sie Ihren Liebling, führen ihn eine Runde im Schritt und beginnen von neuem; aber diesmal am anderen Ende des Hindernisses. So üben Sie die Kurven in beiden Richtungen. Je nach Gelingen können Sie nun den Winkel des Hindernisses verkleinern, zum rechten Winkel bis hin zum spitzen Winkel.

Hat das Pferd Vertrauen in die Stangen gewonnen und tritt problemlos und langsam rückwärts, so bringen Sie etwas Abwechslung in die Übung. Nehmen Sie dazu nicht immer Stangen der gleichen Farbe, legen Sie irgendwelche Gegenstände (farbige Tücher, Pylone, Strohballen) seitlich neben die Stangen oder binden einen, später mehrere Luftballons an die Stangen. So erhöhen Sie beiläufig das Vertrauen des Pferdes.

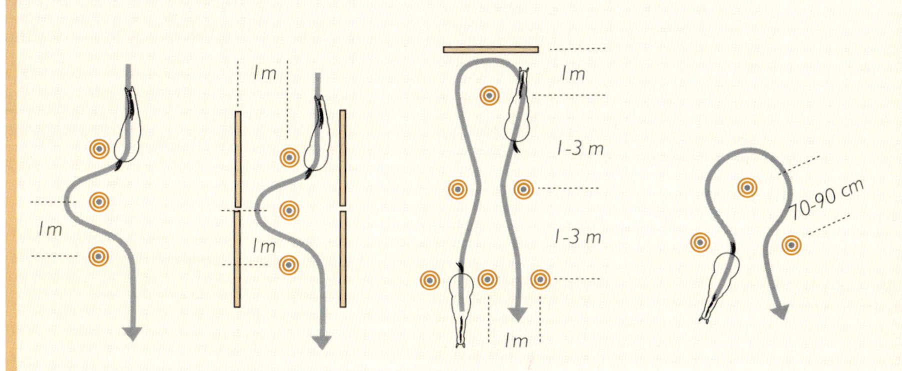

Möglichkeiten der Rückwärtssteuerung durch Hindernisse aus Pylonen.

Als weitere Übung für die Rückwärtssteuerung bieten sich statt der Stangen drei Tonnen oder Pylone (Verkehrskegel) an, die Sie entweder in gerader Linie oder im Dreieck aufstellen.

Seitwärtstreten – Sidepass
Wie das Rückwärtstreten ist auch das Seitwärtstreten oder Sidepass eine Lektion, die im normalen Umgang mit Pferden immer wieder gefordert wird, sei es in der Stall-

gasse, im Gelände oder im Trail-Parcours. Auch hier sollte man dem Pferd die Hilfen, das Stimmkommando und das Vertrauen zu einem eventuellen Hindernis beim Sidepass an der Hand, also vom Boden aus, beibringen.

Meine Erfahrungen haben gezeigt, dass sich die meisten Pferde beim Erlernen des Sidepasses leichter tun, wenn eine Stange als optische Hilfe unter ihrem Körper liegt. Da Sie ja schon bei der Übung des Stangenüberschreitens dem Pferd Vertrauen in Stangen beigebracht haben, legen Sie eine Stangenparallele im Abstand von ca. 60–70 cm auf den Boden. Führen Sie Ihr Pferd im rechten Winkel mittig auf die Stangen zu und halten Sie mit einem deutlichen »Whoa« an, so-

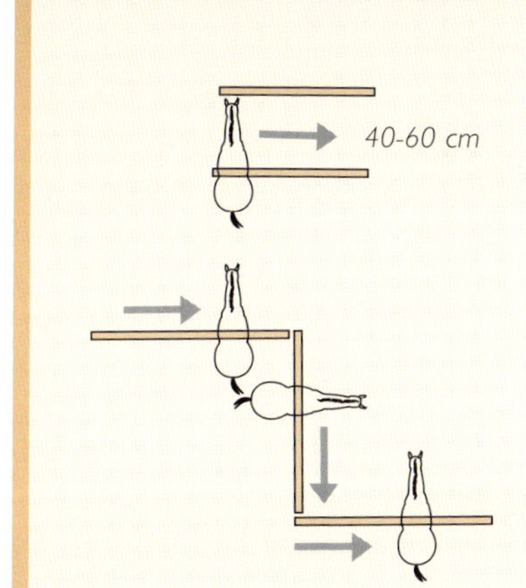

Sidepass und Kombination Sidepass plus Vorhand- und Hinterhandwendung.

bald der erste Huf zwischen den beiden Stangen gelandet ist. Achten Sie darauf, dass das zweite Vorderbein neben das erste gestellt wird. Haben Sie das erreicht, so loben Sie ausgiebig und verhindern ein

Sidepass an der Hand.

eventuelles Vorwärts- oder Rückwärtsgehen. Eine kurze Ruhepause nutzen Sie, um sich seitwärts in Kopfhöhe neben Ihr Pferd zu stellen und dabei den Führstrick in die linke Hand zu nehmen. Ihr Pferd soll nun einen Sidepass nach rechts ausführen. Da Sie ja auf dem Boden stehen, müssen Sie den später treibenden Schenkel und die spätere Zügelhilfe ersetzen durch die rechte Hand (für den Schenkel) und die linke Hand am Strick (für den Zügel).

Da der später treibende linke Schenkel ca. ein bis zwei Handbreit hinter dem Gurt einsetzen wird, üben Sie mit einem Finger der rechten Hand an dieser Stelle einen impulsartigen Druck aus. Impulsartig bedeutet: Druck, nachlassen, Druck, nachlassen. Begleiten Sie dies wieder mit einem Wortkommando, und zwar »Side«. Dieser Druck soll das Pferd dazu animieren, mit der Hinterhand seitwärts auszuweichen. Für das gleichzeitige Seit-

wärtstreten der Vorhand ist später hauptsächlich der Zügel zuständig. Hier vom Boden aus benutzen Sie Ihre linke Hand, mit der sie am Strick oder am Halfter das Pferd von sich weg in die gewünschte Richtung drücken. Weicht das Pferd dem Druck vorne oder hinten, indem es seitwärts tritt, muss der Druck sofort aufhören. Das Pferd lernt so, dass es dem Druck zu weichen hat und »gelobt« wird, indem der Druck wegfällt. Denken Sie deshalb immer daran: Ein Pferd lernt nicht durch Druck, sondern durch Wegnahme von Druck.

Ist Ihr Pferd dem Druck gewichen und seitwärts getreten, fordern Sie es nach einer kleinen Pause erneut mit Ihren Hilfen zu einem weiteren Seitwärtsschritt auf. Die Fein-

abstimmung Ihrer Hilfen mit der linken und rechten Hand will auch gelernt sein und wird Ihnen nicht sofort gelingen. Sie ist aber nötig, denn schließlich soll Ihr Pferd ja gleichzeitig mit Vor- und Hinterhand seitwärtstreten. Haben Sie viel Geduld bei dieser Übung, denn nicht nur Sie müssen die rechtzeitige Hilfengebung lernen, auch Ihr Pferd muss erst einmal verstehen, was Sie von ihm wollen, um gehorchen zu können. Es wird anfänglich immer wieder vorkommen, dass Ihr Pferd vorwärts oder rückwärts ausbrechen will. Die vor den Hufen liegende Stange soll das Vorwärtsgehen erschweren.

Hindern Sie im Bedarfsfalle das Pferd durch ruckartige Impulse am Strick daran, nach vorne wegzutreten. Gelingt Ihnen das nicht, so können Sie die Stangen so nahe an die Bande oder den Zaun legen, dass das Pferd nicht nach vorne gehen kann.

Hat Ihr Trainingspartner die Tendenz, ständig dabei zurückzugehen, so hilft auch hier die Bande oder der Zaun. Dem Pferd bleibt somit nur der Weg zur Seite und durchschnittlich intelligente Pferde begreifen die Lektion ziemlich schnell. Ein weiterer Punkt ist bei dieser Lektion nicht nur wichtig und richtig, sondern macht es Ihrem Pferd auch leichter. Beim Seitwärtstreten sollen die Beine nach vorne überkreuzen. Das bedeutet, dass das Pferd das nachfolgende Bein vor das jeweils führende Bein setzt. Damit Ihr Pferd überhaupt vor-

kreuzen kann, ohne dabei vorwärts zu gehen, müssen Sie es schräg zur Stange stellen. Schräg bedeutet: Mit der Vorhand weiter in die gewünschte Richtung.

Hier ist besonders die Feinabstimmung Ihrer Hilfen mit linker und rechter Hand gefordert.

Die unter dem Pferd liegende Stange hilft sowohl Ihnen als auch dem Pferd, linientreu zu bleiben. Die vor den Hufen liegende Stange bewirkt dies auch und behindert das Vorwärtsgehen.

Da es natürlich auch einen Sidepass nach links gibt, müssen Sie das Ganze auch in die andere Richtung üben. Es könnte sein, dass sich Ihr Pferd beim Links-Sidepass viel leichter tut. In diesem Fall nutzen Sie diese Neigung aus und üben ver-

stärkt diese Richtung. Es versteht sich, dass dabei die Hilfen Ihrer beiden Hände umgekehrt anzuwenden sind. Vergessen Sie nicht Ihr Wort-Kommando und die Notwendigkeit, die Hilfe bzw. den Druck zu beenden, sobald die Seitwärtsbewegung erfolgt. So erreichen Sie die Abfolge Impuls – Schritt – Impuls – Schritt. Im fortgeschrittenen Stadium können Sie wieder dafür sorgen, dass der Hals waagerecht gehalten wird.

Überschreiten von Plane, Brett, Brücke, Wasser

Auch die nachfolgend beschriebenen Hindernisse, Übungen und Hilfen sind nicht nur für die Trail-Reiter von Bedeutung. Gerade die Freunde der Klassischen Reitweise oder die »nur« Freizeitreiter sollten sich verstärkt mit dieser Problematik beschäftigen und begreifen, dass Ihre Pferde im Gelände oder wo auch immer diese Übungen nicht bewältigen können, wenn sie es nicht an der Hand gelernt haben und Vertrauen dazu gewonnen haben. Ein Pferd, das Planen, Brücken oder Wasserhindernisse nicht kennt, wird man nur in den seltensten Fällen im Sattel sitzend dazu bewegen können, darüber bzw. durchzuschreiten. Aber immer wieder sieht man diese Versuche, mit dem Ergebnis, dass Kampf entsteht, Ziehen am Zügel, Treiben mit den Sporen, und schließlich die Niederlage des Reiters. Nehmen Sie sich deshalb hierfür einige Tage Zeit und bauen das Vertrauen Ihres Pferdes vom Boden aus auf.

Plane

In jedem Baumarkt können Sie das Material für eine Plane erwerben: Sei es eine schwarze Teichfolie, eine stabile Verpackungsplane oder farbige Plastikfolie. Achten Sie nur darauf, dass das Material nicht zu dünn ist, denn sonst werden die Hufe des Pferdes für kurze Lebensdauer sorgen. Es ist auch zu empfehlen, gleich zwei oder mehrere Planen in unterschiedlichen Farben bereitzuhalten.
Legen Sie die Plane, als Größe reicht schon 1m x 2 m, flach auf den Boden. Sollte Ihnen der Wind einen Streich spielen, so beschweren Sie die Ränder mit Sand oder Erde. Später können Sie dafür auch kurze bzw. längere Stangen verwenden. Führen Sie Ihr Pferd in schon

besprochener Weise kreisförmig immer näher an die Plane heran. So kann sich das Pferd schon einmal optisch daran gewöhnen. Dann

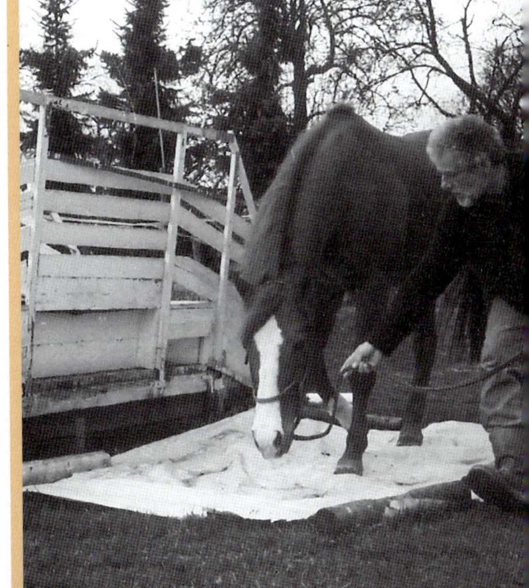

gehen Sie auf die Plane zu und wie selbstverständlich darüber. Das Pferd beobachtet dabei, wie Sie als Leittier darüber gehen und nimmt Druckveränderung und Geräusche der Plane wahr. Je nach Reaktion Ihres Lieblings wiederholen Sie dies so oft, bis er die Scheu verloren hat und ganz relaxt neben Ihnen geht. Nun können Sie es wagen, Ihr Pferd so an die Plane zu führen, dass es selber darüber gehen soll. Es sollte, tut es vermutlich aber nicht. Vielmehr wird es davor stehen bleiben und den Kopf senken, um so den Gegenstand besser kennen zu lernen. Dieses Kopfsenken dürfen Sie auf keinen Fall verhindern. Lassen Sie den Strick locker, gehen Sie auf die Plane und berühren mit Ihrer Hand die Plane. Ihr ruhiges

»is okay« sollten Sie nicht vergessen. Lassen Sie Ihr Pferd ruhig stehen zum Überlegen, Beschnuppern und Testen. Sollte es rückwärts oder seitwärts ausweichen, beginnen Sie von Neuem.
Erst wenn es ruhig nahe vor der Plane steht, fordern Sie es auf, Ihnen zu folgen. Der erste Schritt ist der schwierigste, weil das Pferd noch nicht weiß, was dabei eventuell passiert. Erst wenn es erkennt, dass eben nichts passiert, wird es den Mut aufbringen, auch den zweiten Schritt zu tun. Deshalb bleiben Sie ganz ruhig und ziehen bitte nicht am Strick. Geben Sie dem Pferd die Möglichkeit, selber zu entscheiden, wann es Ihrem lockenden »na komm« folgen will. Ist die Furcht noch zu groß, so lassen Sie

es ruhig stehen und locken weiter mit lediglich leichten Impulsen am Strick. Handelt es sich dann doch um einen hartnäckigen Fall, so versuchen Sie es mit einem Leckerli oder einer Möhre zu verführen. Ich habe bisher bei mir kein Pferd erlebt, das nicht über die Plane gegangen ist. Es ist nur eine Frage der Zeit. Sie sollten deshalb grundsätzlich vor Beginn einer neuen Übung Ihre Einstellung so programmieren, dass Sie eine längere Übungsphase erwarten. So schützen Sie sich selber vor Ungeduld und Ihr Aha-Erlebnis wird umso größer.

Wenn Sie bzw. Ihr Pferd es endlich geschafft haben und die Plane ist, wenn auch etwas hastig, überwunden, so loben Sie ausgiebig und brechen diese Übung sofort ab. Erst nach einigen Runden der Entspannung versuchen Sie es aufs Neue. Nach und nach wird das Überschreiten der Plane zur Selbstverständlichkeit.

Erst in diesem fortgeschrittenen Stadium sollten Sie, auch wenn Sie kein Trail-Reiter sind, Ihr Augenmerk auf die Manier des Pferdes während des Überschreitens legen. Animieren Sie Ihr Pferd durch leichtes Zupfen am Zügel abwärts und das Kommando »Watch« den Kopf so tief wie möglich zu halten.

Das Pferd soll beim Überschreiten eines Hindernisses dasselbe immer prüfen, beobachten, auch wenn es ihm bekannt ist. So wird dies zur Routine und eine neue, andersfarbige Plane verliert ihren Schrecken. Da Ihr Pferd sehr auf Ihre Körpersprache achtet, gehen Sie nicht nur selber über die Plane (vormachen!), sondern neigen Sie auch Ihren Oberkörper dabei so weit wie möglich nach vorne. Diese Körpersprache ist sehr wichtig. Ebenso wichtig ist das ständige Kommando »Watch«.

Brett

Ein weiteres Überschreit-Hindernis ist ein Brett. Damit gemeint ist ein mindestens 1,2 m breites und 2 m langes, höher gestelltes Brett, wie es die Zeichnung darstellt.

Zum Selberbauen verwenden Sie 3 Vierkanthölzer, mindestens 10 cm x 10 cm, und schrauben quer dicke Bohlen darüber. Der Sicherheit wegen sollten die Bohlen mindestens 4 cm stark sein und angeschraubt werden (keine Nägel!). Achten Sie auch darauf, dass die

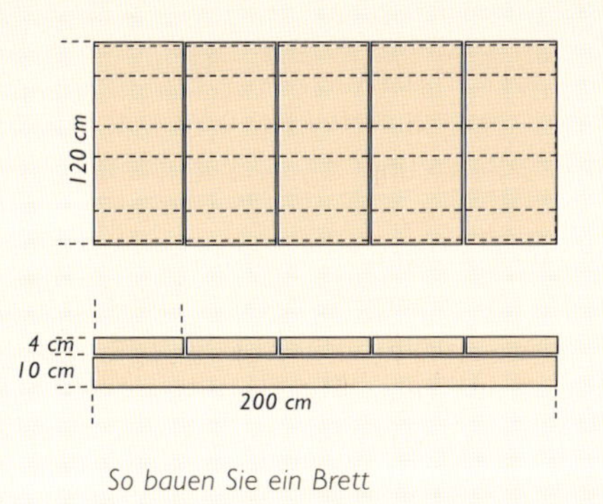

So bauen Sie ein Brett

Oberfläche nicht glatt wird, was bei Regen oder Moosbildung schnell der Fall sein kann. Dann vor der Benutzung Sand daraufstreuen. Ideal wäre eine gerippte Gummiauflage. Sie müssen auf jeden Fall ein Rutschen des Pferdes vermeiden, weil ansonsten das Vertrauen verlorengeht.

Zur Vorbereitung verfahren Sie genauso wie bei der Plane. Führen Sie Ihr Pferd vorsichtig und gerade an das Hindernis heran. Es wird vermutlich den Kopf absenken, um daran zu schnuppern. Sie wissen bereits, dass wir dies unterstützen müssen und mit dem Wort »Watch« begleiten. Treten Sie auf das Brett (vormachen!) und animieren Sie das Pferd Ihnen zu folgen. Setzt es einen Huf darauf, will aber nicht weitergehen, so ziehen Sie, wie schon gelernt, nicht am Strick. Bleiben Sie ruhig stehen und warten Sie, bis es freiwillig weitergeht. Geht es nach dem ersten oder zweiten Schritt rückwärts oder tritt seitlich hinunter, bleiben Sie ganz ruhig und starten einen neuen Versuch. Es ist wiederum nur eine

Frage der Zeit und Ihr Pferd geht problemlos und ohne Angst über das Brett. Haben Sie dieses Ziel erreicht, legen Sie, wie bei der Plane, Ihr Augenmerk darauf, dass das Pferd langsam, gleichmäßig und mit abgesenktem Hals bis zum Ende darübergeht. Bei einem hartnäckigen Fall können Sie wieder Leckerlis auf das Brett legen.

Brücke

Eine für Trainingszwecke geeignete Brücke hat man normalerweise nicht zur Verfügung. Aber mit Hilfe des vorher beschriebenen Brettes kann man ohne großen Aufwand den Charakter einer Brücke erreichen. So eignen sich als Geländer Stangen, die man auf Hindernisständer auflegt und direkt an der

Längsseite des Brettes postiert.
Über die Stangen kann man noch
Planen oder Decken hängen, sodass eine richtiggehende Gasse entsteht.

Will man sich eine praktikable
Brücke bauen, sollte man sie aus
Einzelteilen zusammensetzen, und
zwar den stabilen Boden auf Vier-
kanthölzern (siehe Brett), einen
Rahmen zum Höherlegen des Bodens, je 1 Aufstiegs- bzw. Abstiegs-
rampe und 2 Geländer. Alles kann
so miteinander befestigt werden,
dass ein Abbau und damit Stand-
ortwechsel möglich ist. Entscheidend ist die Stabilität zur Vermei-
dung von Unfällen. Weiterhin muss
auf jeden Fall darauf geachtet werden, dass der Boden nicht rutschig
ist. Zur Sicherheit können kleine

Querverstrebungen aus Holz auf
dem Boden und vor allem auf die
Rampen aufgeschraubt werden.
Eine gerippte Gummimatte wäre
auch hier wieder ideal.
Wie schon bei Plane und Brett
führen Sie Ihr Pferd an der Hand
gerade auf die Brücke zu. Die durch
die seitlichen Geländer entstandene
Gasse ist für Ihr Pferd ein viel
schlimmeres Hindernis als das
Brett. Es wird höchstwahrscheinlich
nicht bereit sein, sofort darüber zu
gehen und wird Ihnen das unmiss-
verständlich auch sofort zeigen.
Die Verweigerung vor der Brücke

*Der Führer bückt sich und macht dem Pferd
vor, dass es den Kopf senken soll.*

ist normal und darf Sie auch nicht überraschen. Geben Sie ihm Zeit, in Ruhe das schreckliche Ding zu betrachten. Führen Sie es drum herum und lassen es überall testen. Nur so kann das Vertrauen darin langsam aufgebaut werden. Oberstes Gebot für Sie hier: Ruhe bewahren. Führen Sie Ihr Pferd immer wieder an den Einstieg zur Brücke, betreten Sie diese selber und locken es, Ihnen zu folgen.

Nehmen Sie getrost Möhren, Leckerli oder Ähnliches zur Hilfe, aber ziehen Sie nicht am Strick, sondern geben lediglich Impulse. Achten Sie besonders darauf, dass das Pferd gerade vor dem Einstieg steht. Will es gar nicht gelingen, so stellen Sie die Geländer etwas weiter weg von der Brücke, sodass sich die Gasse vergrößert. Wenn Ihr Pferd gelernt hat, über das Brett zu gehen, werden Sie auch hier schnell zum Erfolg kommen. Sind die Geländer nicht veränderbar, empfiehlt es sich, ein schon sicheres Pferd zusätzlich zur Hilfe zu nehmen. Dieses Pferd, von einem anderen geführt, spielt den Vorreiter und zeigt so Ihrem Pferd, dass es eigentlich auch den Mut aufbringen könnte.

Ist es nun endlich geschafft und Ihr Pferd betritt die Brücke, so rechnen Sie damit, dass es möglichst schnell das Hindernis hinter sich bringen will. Die meisten unsicheren Pferde beginnen während des Abstiegs bzw. Ausstiegs aus der Brückengasse oft anzutraben, spätestens, wenn sie mit den Vorderhufen wieder »festen Boden unter den Füßen« haben. Diesen Fehler können Sie beheben, indem Sie das Pferd auf der Brücke abstoppen und dann nach jedem zweiten Schritt wieder stoppen. Auch wenn beide Vorderhufe auf dem Boden sind, die Hinterbeine aber noch auf der Brücke, stoppen Sie ebenfalls. Lassen Sie das Pferd nach jedem Stopp einige Sekunden ruhig verharren und führen es dann wieder sanft an. Während der Pausen können Sie immer versuchen, den Hals nach unten zu bekommen. So soll das Pferd immer selbst sehen, wo es hintritt.

Wasser

Viele Geländereiter können ein Lied davon singen, wie schwer es ist, den schmalsten und flachsten

Bach zu durchreiten. Selbst Pfützen auf der Straße werden lieber umgangen als auf direktem Weg. Aber genau das kann ja schnell zu einem Problem werden, wenn z.B. die Pfütze den ganzen Weg einnimmt oder eine bestimmte Route nun mal durch einen kleinen Bach führt. Deshalb sollte eigentlich jedes Pferd Bekanntschaft mit dem Element Wasser gemacht haben – ob es nun gilt, die Beine zu kühlen, zu reinigen oder durch eine Pfütze zu treten. Die meisten Pferde meiden das Wasser, weil sie weder Wassertiefe noch Bodenfestigkeit abschätzen können. Deshalb ist ihre erste Reaktion völlig normal. Trotzdem ist ein Ausritt nach Regentagen nicht sonderlich ergiebig, wenn ein Pferd im Slalom alle Pfützen umrundet

oder jedes noch so kleine Bächlein im Känguru-Stil überwindet. Die Wasserdurchquerung ist reine Vertrauenssache. Wie die vorher beschriebenen Hindernisse auch, sollte das Pferd dieses Vertrauen an der Hand gewinnen. Es muss also auch hier lernen, dem Reiter oder Führer voll und ganz zu vertrauen.

Beginnen Sie Ihre Bodenarbeit mit einem Wasserschlauch, an dem Sie eine eventuell angebrachte Spritzdüse entfernen. Wählen Sie als Ort möglichst eine Stelle, an der sich unter dem Pferd langsam eine Pfütze bildet, wenn Sie vorsichtig die Beine, an den Hufen beginnend, abspritzen. Halten Sie den Strick

locker und lassen Sie anfänglich Ihr
Pferd ruhig dem Wasser ausweichen, wenn es noch nicht daran
gewöhnt ist. Oft ist die Angst vor
dem spritzenden Wasser und den
damit verbundenen Geräuschen
größer als vor dem Wasser selber.
Sprechen Sie beruhigend mit ihm
(»is okay«) und lassen Sie sich Zeit.
Hat sich durch das Abspritzen eine
Pfütze gebildet oder befindet sich
eine andere in der Nähe, so versuchen Sie, das Pferd immer wieder
hinzuführen. Weigert sich das Pferd,
eine Wasserstelle zu betreten, so
gehen Sie genauso vor, wie bei der
Übung mit der Plane. Das Pferd
muss ständig Interesse zeigen, und
zwar mit dem Kopf nach unten.
Wird es unaufmerksam, so gehen
Sie mit ihm einen Schritt vorwärts.

Sofort wird es sich wieder mit dem
Wasser beschäftigen. Lassen Sie es
ruhig stehen, solange es sich auf das
Wasser konzentriert. Auf diese
Weise wird das Pferd bald ungeduldig werden und selber versuchen,
einen Schritt vorwärts zu tun, um
eventuell sofort wieder zurückzugehen. Es kann schon ziemlich lange
dauern, bis es endlich den ganzen

Mut zusammennimmt und durch
die Pfütze läuft. Rechnen Sie aber
damit, dass dies beim ersten Mal
nicht langsam geschieht, sondern
eilig und vielleicht auch mit einem
Hüpfer. Sie sollten es dabei gewähren lassen, aber sofort wieder an
die Wasserstelle heranführen. Es ist
wichtig, dass Sie keinen Zwang ausüben, sondern dem Pferd zwei

Möglichkeiten zur Auswahl lassen: Entweder durch das Wasser zu gehen oder lange stehen zu bleiben. Solange das Pferd selber die Entscheidung treffen kann, fühlt es sich nicht gezwungen, auch wenn Sie es ständig vorsichtig auffordern. Wenn Sie die nötige Geduld aufbringen, werden Sie auch Erfolg haben. Nach einigen, vielleicht auch vielen Versuchen wird das Pferd immer sicherer und wird bald völlig ruhig alle Pfützen und Bäche durchqueren.

Haben Sie die Möglichkeit, sich auf Ihrem Gelände oder auf dem des Stalles einen Wassergraben zu bauen, so sollten Sie dies unbedingt angehen. Denn man kann es nicht oft genug üben. Es genügt, wenn Sie den Boden in einem Rechteck von

1 mal 2 m einen halben Spatenstich tief ausheben und eine starke Plane darüber legen. Den ausgehobenen Boden können Sie dazu verwenden, die überhängenden Seiten der Plane zu bedecken.

Wippe

Ein typisches Trail-Hindernis ist die Wippe. Dessen Sinn besteht darin, das Pferd an einen beweglichen Untergrund zu gewöhnen. Auch wenn viele Pferde das Prinzip dieses kippenden Brettes erstaunlich schnell begreifen, gibt es ebenso viele, die eine panische Angst davor haben. Meistens sind jedoch Fehler in der Lernphase dafür verantwortlich. Das Vertrauen in den kippenden Boden muss sehr langsam aufgebaut werden. Voraussetzung hier-

für ist, dass der Balken unter dem ca. 1,2 m breiten und 2,5 m langen Brett nicht fest installiert ist, sondern lediglich unterlegt wird. Dies macht es möglich, mit einem dünnen Balken den Ausschlag der Wippe zu reduzieren.

Zu Beginn Ihrer Übungen verzichten Sie bitte ganz auf den Balken, um Ihr Pferd zunächst an dieses Brett zu gewöhnen. Für den nächsten Schritt unterlegen Sie einen sehr dünnen Balken oder eine Dachlatte. Führen Sie das Pferd ganz langsam über die Wippe und rechnen Sie damit, dass es sich trotz des nur wenige Zentimeter betragenden Ausschlags der Wippe erschrickt und zur Seite springt. Bleiben Sie in diesem Fall ganz ru-

hig und reden beschwichtigend auf Ihren Trainingspartner ein.

Erst wenn Ihr Pferd ohne jegliche Scheu die niedrige Wippe überwindet und dabei den Kopf tief absenkt, sollten Sie die Stärke des Balken erhöhen. Achten Sie immer darauf, dass Ihr Pferd schon vor Betreten der Wippe den Kopf tief trägt und die Haltung bis zum Ende beibehält. Während des Führens gehen Sie deshalb tief in die Hocke und machen so mit Ihrem Körper das Absenken vor.

Die beiden linken Bilder zeigen Ihnen folgendes:

1. Das Pferd trägt vor Betreten der Wippe den Kopf tief.
2. Bis zum Ende bleibt diese Haltung bestehen.
3. Die richtige Körpersprache des Führers.
4. Den rutschfesten Belag der Wippe.
5. Die nicht ganz mittig angebrachten Kanthölzer zur Stabilisierung des losen Balkens.

Flattervorhang

Dieses Hindernis bietet eine hervorragende Möglichkeit, ein Pferd gegenüber allen möglichen Dingen zu desensibilisieren, die am Pferdekörper entlang streifen können; wie z.B. Äste, Tücher, Regenmantel, Leinen, Stricke usw.

Es bedarf keines großen Aufwandes, ein solches Gebilde selber zu bauen. Für eine Variante benötigen Sie zwei normale Hindernisständer, die Sie mit einem stabilen Garten-

schlauch verbinden. Der Gartenschlauch sollte einen hohen Bogen beschreiben, damit Sie später auch hindurchreiten können. Außerdem können Sie so den Abstand der Ständer zueinander verändern. Am Gartenschlauch befestigen Sie Plastikstreifen, z.B. die weiß-roten, die Sie von Baustellenabgrenzungen kennen. Die Flatterbänder sollten ca. 50 cm über dem Boden enden, damit sich die Beine des Pferdes nicht darin verheddern können. Je enger Sie die Bänder befestigen, desto undurchsichtiger wird der Vorhang.

Natürlich können Sie auch für den Flattervorhang eine fest stehende Holzkonstruktion fertigen, die natürlich sofort die später notwendige Höhe aufweisen muss. Eine weitere Möglichkeit ist auch ein an einer Wand angebrachter schwenkbarer Balken, der bei Bedarf über den Hufschlag geschwenkt werden kann. Sie sollten bei der gewählten Konstruktion auch gleich berücksichtigen, dass Sie die Art, Farbe oder Breite der Bänder später verändern können. Auch sollten Sie im vorgeschrittenen Stadium breite Bänder verwenden, die sich überlappen. Das Pferd hat dann eine geschlossene Wand vor sich und kann lernen, durch diese »Mauer« zu gehen.

Wenn Sie mit dem Training am Flattervorhang beginnen, sollten Sie sich einen windstillen Tag aussuchen oder dies in der Halle tun. Später darf auch der Wind die Bänder kräftig in Bewegung bringen. Führen Sie Ihr Pferd gerade auf den Vorhang zu und gehen zuerst durch. Dabei schieben Sie mit Ihrer freien Hand einige Bänder zur Seite, sodass ein Durchgang entsteht. Je weiter Sie anfänglich den Durchgang öffnen, umso eher ist Ihr Pferd

bereit, Ihnen zu folgen. Zeigt es Ansätze hindurchzugehen, halten Sie die Öffnung frei, bis es ganz durchgegangen ist. Die eventuell zurückfliegenden Bänder würden sonst

den Pferdekörper berühren und das Pferd veranlassen, nach vorne zu stürmen oder zurückzutreten. Sie müssen mithin Ihr Pferd langsam an die Berührung durch die Bänder gewöhnen und nur nach und nach den mit der Hand geöffneten Durchgang verengen. Schließlich wird es wie selbstverständlich mit seiner Nase die Bänder teilen und akzeptieren, dass diese beim Durchschreiten seinen Körper streifen, und auch seine Schrittgeschwindigkeit nicht erhöhen. Variieren können Sie die Übung, indem Sie das Pferd unter dem Vorhang stehen lassen oder es rückwärts hindurchtreten lassen. Ist Ihr Pferd absolut sicher bei dieser Übung, verändern Sie die Bänder in Farbe und Breite.

Schritt über 4 Stangen

Das korrekte Überreiten von 4 parallel liegenden Stangen ist viel schwerer als es den Anschein hat. Es erfordert eine Feinabstimmung von Schrittlänge, Tempo und Heben der Beine, somit äußerste Konzentration des Pferdes. Aber auch der Reiter muss lernen, ein Gefühl hierfür zu entwickeln, um dem Pferd überhaupt eine Chance zu geben, fehlerfrei zwischen die Stangen zu treten.

Deshalb ist es dringend notwendig, all dies an der Hand zu üben. Da ein ähnliches Hindernis durchaus im Gelände vorkommen kann, gilt dies wieder mal auch für Geländereiter oder die Befürworter der klassischen Reitweise. Niemand sollte Übungen auslassen, die Konzentration, Mitdenken und Vertrauen des Pferdes fördern.

Das Überschreiten einzelner Stangen oder eines Cavaletto ist schon besprochen worden, einschließlich der Hilfen für das Anheben der Beine des Pferdes. Legen Sie sich nun 5 Stangen zurecht, von denen Sie aber zunächst lediglich 2 davon im Abstand von 50 cm parallel auf den Boden legen. Führen Sie Ihr Pferd im rechten Winkel langsam auf die Stangen zu. Langsam, damit Sie Ihrem Pferd die Chance geben, bei genauer Betrachtung des Hindernisses kurz vor der ersten Stange aufzuhufen und mit dem zweiten Huf die Mitte zwischen den beiden Stangen zu treffen. Ihr Pferd wird von sich aus nicht auf die Stangen treten, wenn es diese aufmerksam betrachtet und langsam dazwischentreten kann. Achten Sie auch darauf, dass das Gleiche langsame Tempo auch für die Hinterhand gilt. Dadurch entsteht automatisch ein bestimmter Rhythmus, der es dem Pferd erlaubt, auch mit der Hinterhand zwischen den Stangen aufzuhufen. Sind Sie zufrieden mit dem Ablauf, legen Sie die dritte Stange im gleichen Abstand dazu und versuchen das gleiche;

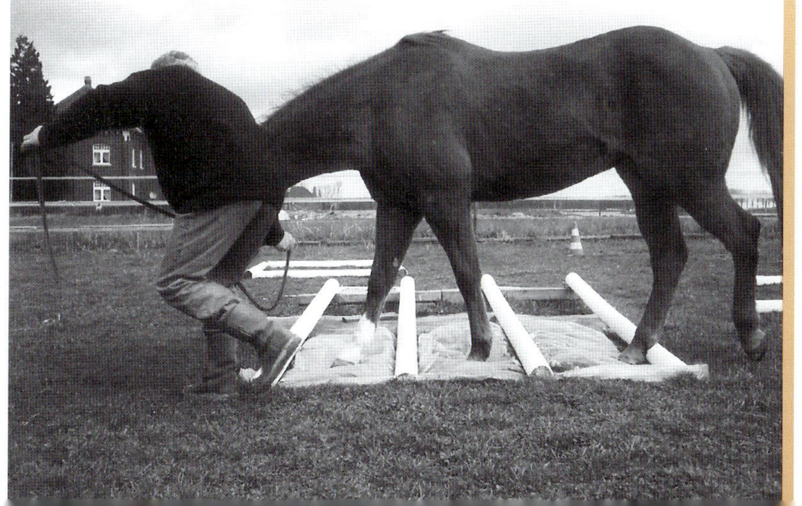

dann die vierte Stange. Sie werden
selber feststellen, dass das langsame
Tempo und der gleichbleibende
Rhythmus von besonderer Bedeutung sind. Nur so wird das Pferd in
der Lage sein, sechsmal (bei 4 Stangen) mit seinen Hufen im Zwischenraum der Stangen aufzuhufen.
Obwohl bei Prüfungen das Hindernis nur aus 4 Stangen besteht, sollten Sie sich im Training jedoch 5
Stangen zurecht legen. Viele Pferde
werden bei der letzten Stange
etwas nachlässig, heben die Beine
nicht ausreichend und stoßen
schließlich an die Stange. Trainiert
man mit 5 Stangen, gewöhnen sich
die Pferde an diesen Rhythmus und
heben in der Prüfung bei der 4.
Stange noch ausreichend die Beine.
Eine weitere gute Hilfe bzw. Ani-

mation für das Pferd, die Beine zu
heben, sind Bahnschwellen. Die sind
höher als normale Stangen und rol-
len auch nicht weg. Haben Sie und
Ihr Pferd das richtige Tempo und
den gleichmäßigen Rhythmus gefunden, sollten Sie unbedingt darauf
achten, dass das Pferd den Hals
absenkt und mit tiefem Kopf aufmerksam die Stangen betrachtet.

Drehung im Quadrat

Auch wenn es den Anschein hat, dass diese Übung nur etwas für Trail-Reiter ist, so sollte doch jeder Reiter sein Pferd damit vertraut machen. Die Drehung um 360° auf der Stelle, umgeben von Stangen oder ähnlichen Gegenständen, ist für ein ungeübtes Pferd eine schwierige Aufgabe. Auch im Gelände kann man sehr schnell mit diesem Problem konfrontiert werden. Viele Pferde werden unruhig, wenn rechts, links, vorne und hinten eine Stange ziemlich nah an ihren Hufen liegt. Selbst wenn sie sich daran gewöhnt haben, ist es immer noch schwer, darin zu drehen, weil sie möglichst schnell nach vorne oder hinten wieder heraus wollen aus der Einengung. Auch das

Pferd nach dem Hineintreten so zu stoppen, dass alle 4 Füße innerhalb des Quadrates stehen, bedarf eines exakten Timings und damit einiger Übung. Bevor man dies im Sattel sitzend versucht, ist es unbedingt wichtig, das Pferd vom Boden aus daran zu gewöhnen. Es begreift nämlich sehr schnell, dass es innerhalb der Stangen anhalten muss

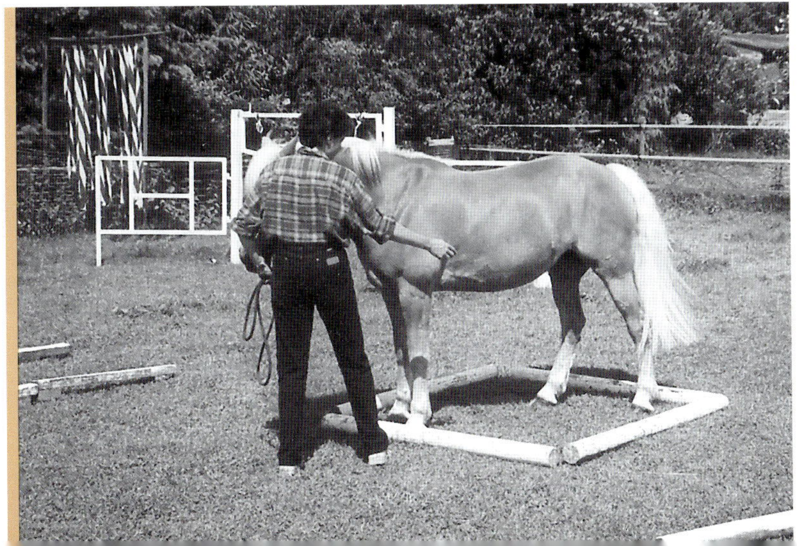

und dass erst noch etwas zu tun ist, bevor es wieder heraustreten darf. Auch das Drehen wird es schnell lernen und seine Versuche nach vorne oder hinten zu treten, werden bald verschwinden.

Damit Sie bezüglich der Abmessung des Quadrates zukünftig leichtere Arbeit haben, empfiehlt es sich, 2 Drei-Meter-Stangen zu halbieren. So können Sie ein seitengleiches Quadrat von 1,5 m legen, ohne immer nachmessen zu müssen. Sehr gut bewährt haben sich Bahnschwellen mit der gleichen Länge. Ihr Vorteil liegt einmal in ihrem Gewicht, das ein Wegschieben durch das Pferd sehr erschwert, und zum zweiten sind sie höher als Stangen. Dies animiert Ihr Pferd, anständig zu Füße zu heben.

Legen Sie die 1,5 m langen Stangen zu einem Quadrat zusammen, wobei Sie anfänglich einen Abstand zwischen den Stangen von 1,7 m wählen sollten. Dies macht es Ihrem Pferd und auch Ihnen leichter, Vertrauen zu dem Hindernis zu gewinnen. Im Laufe der Zeit können Sie den Abstand schrittweise

verringern, bis die Stangen »Stoß an Stoß« liegen.

Führen Sie Ihr Pferd gerade und mittig auf das Hindernis zu. Da das Stangenquadrat eine Kombination aus Überreithindernis und einer Steuerungsaufgabe darstellt, sollten Sie beim Hineintreten gleich darauf achten, dass Ihr Pferd aufmerksam die Stangen betrachtet und den Kopf hinunter nimmt, also »Head down«. Mit deutlichem »Whoa« und etwas Nachhilfe mit der Führhand stoppen Sie Ihr Pferd so, dass alle 4 Hufe innerhalb des Quadrates stehen. Das bedarf einiger Übung, damit das Pferd nicht schon anhält, wenn sich noch ein Hinterbein außerhalb des Quadrats befindet, oder erst dann stoppt, wenn ein Vorderbein das Quadrat bereits nach vorne verlassen hat. Einen solchen eventuellen Fehler versuchen Sie vorsichtig zu korrigieren. Befinden sich alle vier Beine im Quadrat, lassen Sie Ihr Pferd ruhig einige Sekunden stehen, bringen den Kopf mit »Down« nach unten und führen es gerade aus dem Quadrat heraus. Mit »Hepp« oder «Up« fordern Sie dabei das Anheben der Hufe, damit keine Berührung der Stangen entsteht. Behalten Sie den Ablauf der bisherigen Übung so lange bei, bis das Anhalten und das korrekte Beinheben problemlos funktioniert.

Bevor Sie mit der 360°-Drehung beginnen, immer das Pferd einige Sekunden verharren lassen.

Um das Pferd nun kontrolliert um seine eigene Achse zu drehen, müssen Sie in stetem Wechsel Vor- und Hinterhandwendungen kombinieren. Ihre Führhand am Strick bringt die Vorhand des Pferdes dazu, seitwärts zu treten und Ihre freie Hand durch Impulse am Pferdekörper (eine Handbreit hinter der Gurtlage) animiert zum Seitwärtstreten der Hinterhand. Machen Sie möglichst nach jedem Schritt der Vor- oder Hinterhand eine kleine Pause, damit die betont langsame Drehung zur Routine wird. Ist die Drehung beendet, lassen Sie verharren, bringen den Kopf nach unten und führen das Pferd mittig und gerade heraus.

Bringen Sie in das Training stets Abwechslung, indem Sie einmal rechts-, einmal linksherum drehen und nehmen Sie statt 360° auch einmal 270° oder nur 180°.

Tor

Eines der interessantesten Hindernisse, weil es mit vielen Besonderheiten ausgestattet ist, ist das Tor. Es wäre falsch zu glauben, dass es nur für einen Trail-Turnier-Reiter von Wichtigkeit sei. Gerade am Tor sind Vertrauen und Sensibilität des Pferdes besonders gefragt. Auch wenn hierzulande der Geländereiter nur selten in die Verlegenheit kommt, ein Tor durchreiten zu müssen, so ist es doch nicht ausgeschlossen. Häufiger ist es aber als Weide- oder Paddockeingang auf Reitanlagen zu finden.

Da es für ein unerfahrenes Pferd nicht einsichtig ist, gegen ein vermeintlich starres Hindernis geritten zu werden, sollten Sie auch hier Ihrem Kameraden vom Boden aus beweisen, dass der Torflügel nachgibt und er problemlos hindurchgehen kann. Wenn Sie es ihm vormachen und dabei darauf achten, dass der Torflügel den Pferdekörper nicht berührt, wird sehr schnell Vertrauen zum Hindernis entstehen. Natürlich müssen Sie ein solches zur Verfügung haben. Der Eigenbau mit einfachen Mitteln ist kein großes Problem. Sie müssen nur einige grundlegende Voraussetzungen beachten. So muss der Torflügel frei in beide Richtungen durchschwingen und sollte eine Länge von ca. 2,50 m haben. Außerdem muss der obere Teil des Torflügels so hoch sein, dass er vom

Reiter im Sattel bequem mit der Hand erreicht werden kann.

Zur Aufhängung des Torflügels können Sie z.B. einen Pfosten tief in das Erdreich eingraben und mit Torangeln den Torflügel befestigen. Wichtig ist, dass der tragende Pfosten sich durch das Gewicht des Torflügels nicht nach innen neigt. Auf der Gegenseite können Sie auch einen Pfosten verwenden, an dem eine Verschlussmöglichkeit (Riegel oder Schlaufe) für den Torflügel vorhanden sein muss. Der Torflügel sollte wenig Gewicht haben. Es genügt ein Metallrohr oder eine stabile Holzlatte. Zur optischen Vergrößerung des Flügels kann eine Plane oder ein Tuch darüber gehängt werden. Wollen Sie eine etwas stabilere Variante wählen, so können Sie die beiden Pfosten, rechts und links des Torflügels, mit einer Querlatte verbinden. Diese muss natürlich so hoch sein, dass Sie mühelos hindurchreiten können. Auch ein Seitwärtskippen des Tores müssen Sie verhindern. Ausladende Bodenplatten oder ebenerdige Winkel am Trägerpfosten können das verhindern.

Wollen Sie sich ein transportables Tor bauen, so empfehle ich die nachstehend abgebildete Variante aus Metall. Pfosten, Flügel und seitliche Verstrebungen sind Einzelteile. Führen Sie Ihr Pferd mit viel Geräusch beim Öffnen der Verriegelung langsam durch das Tor. Bleiben Sie alle 2 Schritte stehen, damit das Pferd Vertrauen zum Hindernis gewinnt. Auch sollten Sie Ihr Pferd rückwärts durch das genügend geöffnete Tor richten.

Hängen Sie je nach Leistungsstand Schreckgegenstände, wie Ballons, Flatterbänder oder Glöckchen an den Torflügel. Das stärkt bzw. erhöht den Vertrauensstand.

Viel mehr können Sie vom Boden aus nicht tun. Da das Tor sowohl dem Reiter als auch dem Pferd

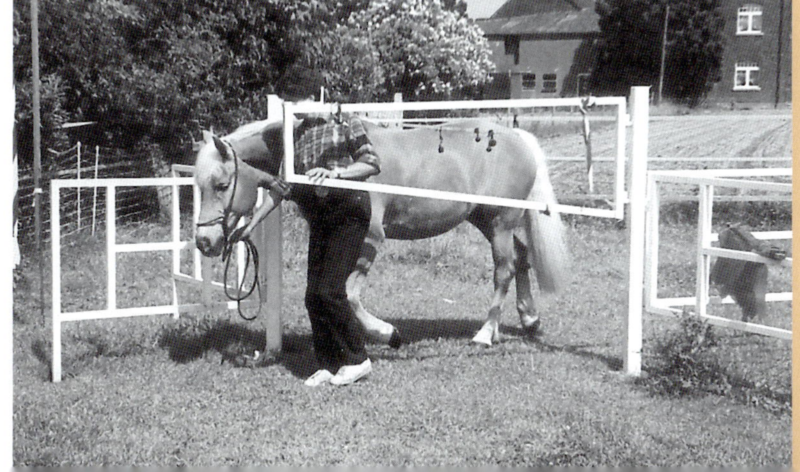

viele Besonderheiten abverlangt und auch im Turnier ein Pflichthindernis darstellt, wird es später noch ausführlich besprochen werden.

Abstellen des Pferdes = Ground-tie

Obwohl das Abstellen des Pferdes eine Übung ist, die nur auf Western-Turnieren verlangt werden kann, sollte doch jeder Reiter in der Lage sein, sein Pferd irgendwo abstellen zu können, ohne dass es sofort wegläuft. Sowohl im Gelände als auch auf dem Reitplatz war vermutlich jeder schon einmal gezwungen, vom Pferd abzusteigen, um irgendeine Tätigkeit zu verrichten; wie z.B. im Gelände ein unüberwindbares Hindernis zu entfernen oder in der Bahn einen Sprung aufzubauen, die zu warm gewordene Jacke wegzuhängen. Ein sich dabei entfernendes Pferd ist nicht nur hinderlich, es kann auch zu ernsthaften Problemen führen. Deshalb sollte eigentlich jedes Pferd das »Groundtying« beherrschen. Mit dem Training hierfür kann man schon bei jungen Pferden beginnen. Voraussetzung für den Beginn ist die bedingungslose Akzeptanz des Kommandos »Whoa«, also das Stehenbleiben des Pferdes auf dieses Kommando.

Führen Sie Ihr Pferd mit einer möglichst langen Leine (Longe) auf einen geschlossenen Reitplatz oder in die geschlossene Halle. Gehen Sie in die Mitte und fordern Sie Ihr Pferd mit deutlichem »Whoa« zum Anhalten auf. Wickeln Sie die Leine soweit ab, dass sie vor dem Pferd auf dem Boden liegt, halten aber den Rest der Leine fest in der Hand. Entfernen Sie sich nun langsam rückwärts-seitwärts vom Pferd und sprechen dabei das Kommando »Whoa«. Sobald sich Ihr Pferd mit einem Schritt bewegen will, bleiben Sie abrupt mit »Whoa« stehen oder gehen notfalls ruckartig mit deutlichem »Whoa« auf Ihr Pferd zu. Erst wenn es wieder ruhig steht und Sie darauf geachtet haben, dass es auch »Square« steht (mit jeweils geschlossenen Beinen), beginnen Sie von Neuem. Beobachten Sie genau Ihr Pferd, sodass Sie schon im Ansatz einer Standveränderung reagieren können. Gehen Sie langsam vom Pferd weg, wickeln die Leine soviel ab wie nötig und bleiben zwischendurch auch einmal stehen. Solange Ihr Pferd ruhig steht, so lange können Sie sich langsam entfernen. Auf keinen Fall dürfen Sie sich Inkonsequenz erlauben, denn aus dem kleinsten Schritt des Pferdes werden bald zwei oder drei Schritte. Geben Sie sich deshalb anfänglich lieber mit einer Entfernung von 2 oder 3 Metern zufrieden, wenn das Pferd bis dahin ruhig stehengeblieben ist. Sollte sich Ihr Pferd fortbewegt haben, ist es wichtig, dass Sie stets am Ausgangspunkt wieder beginnen und es mit kräftigem »Whoa« zur Ordnung rufen. Um es nochmals zu betonen: Das Pferd muss »Square« stehen! Wenn es alle 4 Beine gleichmäßig belastet, hat es einen sicheren Stand. Steht es schon in Schrittstellung ist ein folgender Schritt fast sicher.

Sehr schnell wird Ihr Pferd die auf dem Boden liegende Leine und das Stimmkommando »Whoa« mit einer Pause assoziieren. Nach und nach können Sie sich weiter von ihm entfernen. Wenn Sie nach dem Erfolg wieder auf Ihr Pferd zugehen, vergessen Sie nicht zu loben. Nach und nach können Sie beginnen, beim Weggehen einen Kreisbogen um das Pferd zu beschreiben; natürlich nur so weit, wie es die lange Leine zulässt. Dass niemals ein Zug an der Leine entstehen darf, ist wohl selbstverständlich.

Sind Sie sich sicher, dass Ihr Pferd auch bei einem Halbkreis mit einem Radius von 6–7 Metern noch ruhig stehen bleibt, können Sie die Leine gegen einen normalen Führstrick austauschen. Nun haben Sie die Möglichkeit, das Pferd ganz zu umrunden. Zur Erhöhung der Akzeptanz können Sie nun z.B. die Lage einer Hindernis-Stange verändern, also eine kurze Arbeit verrichten. Beobachten Sie aber weiterhin ständig Ihr Pferd, damit Sie sofort bei seinem ersten Schritt eingreifen können.

Haben Sie nach einiger Zeit ein Pferd, das ruhig stehen bleibt, egal was Sie zwischendurch tun, werden Sie einsehen, dass der ganze Umgang mit Ihrem Pferd erheblich einfacher geworden ist.

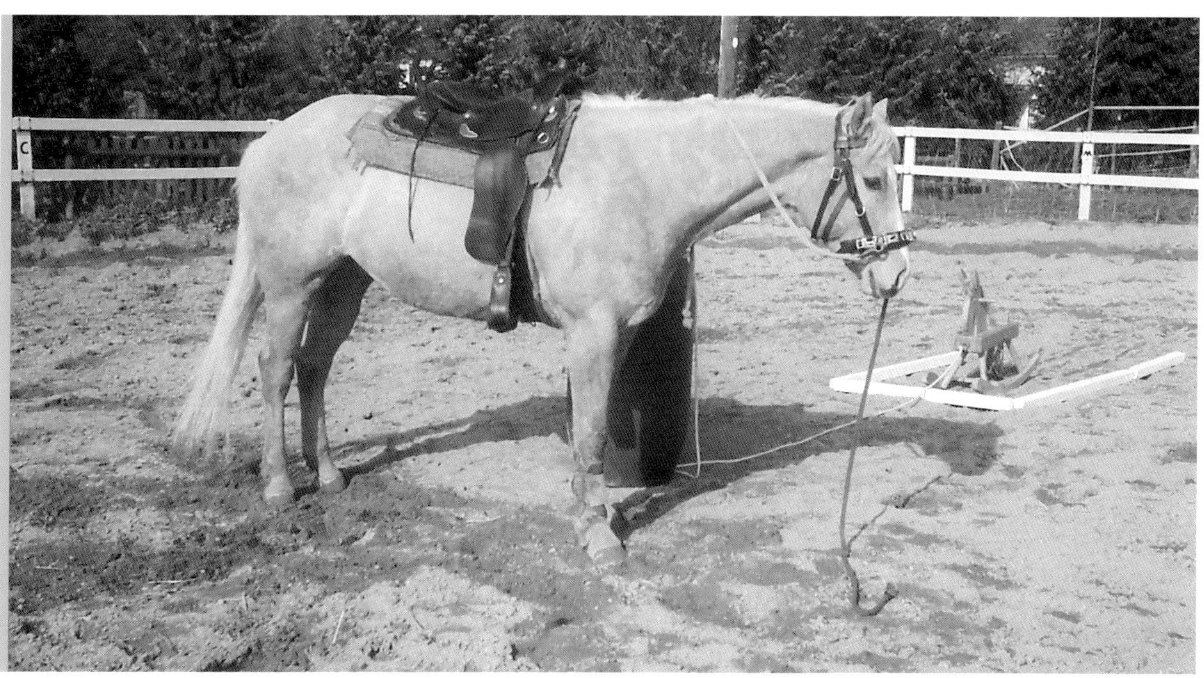

Überleitung zum Trail

In den vorangehenden Kapiteln im Zusammenhang mit der Bodenarbeit wurde aufgezeigt, wie unser Pferd auf Körpersprache reagieren kann, wie es Wortkommandos lernt und wie es an diverse Hindernisse und Gegenstände gewöhnt werden kann.

Sitzt man im Sattel und will die gleichen Aufgaben mit dem Pferd versuchen zu lösen, bedarf es natürlich einer Umsetzung der Hilfen vom Boden aus in Hilfen aus dem Sattel. Hat das Pferd die Hilfen an der Hand gut gelernt und Vertrauen in alle Hindernisse gewonnen, ist der wesentlichste Schritt schon getan. Die Hilfen aus dem Sattel heraus wird es viel schneller lernen, als wenn die Bodenarbeit versäumt wurde. Was dem Reiter immer bleibt, ist die Stimme. Reagiert es gut auf ein Wortkommando, so wird es schnell die Schenkel-, Gewichts- oder Zügelhilfe mit dem Kommando in Verbindung bringen,

sodass man bald auf die Stimme verzichten kann.

Welche Hilfen in Verbindung mit einem Wortkommando gegeben werden sollten, wird in den folgenden Kapiteln über die einzelnen Aufgaben besprochen. Mithin ist das Folgende nicht nur für die Trail-Reiter der Westernszene von Bedeutung, auch die Geländereiter und Freunde der Klassischen Reitweise müssen ja das Erlernte während der Bodenarbeit umsetzen in richtige Hilfen aus dem Sattel. Jeder Reiter, egal welchem Reitstil er sich verschrieben hat, möchte ein Pferd reiten, auf das er sich verlassen kann. Voraussetzung hierfür ist aber

eine solide Ausbildung am Boden
und eine vernünftige Umsetzung
der »Boden-Hilfen« in die Hilfen
aus dem Sattel heraus. Jeder Frei-
zeit- oder Geländereiter weiß, mit
welchen so genannten Gefahren-
quellen er und sein Pferd konfrontiert werden können. Aber auch die
Pferde, die nur in der Halle oder
auf dem Reitplatz auf die jeweiligen
Wettbewerbe vorbereitet werden,
sind nicht gefeit vor potentiellen
Schreckauslösern.
Genau um diese Dinge geht es in
der Trail-Disziplin des Western-
reitens. Hier werden Situationen
nachgestellt und natürlich vorher
trainiert, denen man auch im Gelände begegnet.

Einführung in den Trail

Die Westernreiter haben aus dem Geländereiten eine eigene Disziplin abgeleitet, den Trail. Zur allgemeinen Definition ein Auszug aus dem Programmheft der German Open 1997: »In dieser Prüfung müssen Pferde mitdenken und weitgehend selbstständig einen Parcours mit mindestens 6 nachgestellten Geländehindernissen bewältigen. Beim Trail sind Nervenstärke, Vertrauen vom Reiter ins Pferd sowie auch Vertrauen des Pferdes in den Reiter und besondere Geschicklichkeit erforderlich. Das gute Trail-Pferd soll sich unerschrocken und überlegt jedem noch so seltsamen Hindernis nähern, es prüfen und dann ohne Verzögerung in Angriff nehmen«.

Einer der Vorzüge des Trail-Reitens liegt darin, dass die Pferderasse keine Rolle spielt. Es ist irrig zu glauben, dass man dafür ein Quarter Horse, ein Paint oder einen Appaloosa sein Eigen nennen muss. Das Trail-Training ist mit jedem Pferd möglich. Natürlich muss es schon ein Pferd mit guten Nerven sein, aber diese positive Eigenschaft kann man mit entsprechendem Training den meisten Pferden beibringen. Ohne Zweifel hat man jedoch mit einem Pferd aus den Westernrassen einen Vorteil. Zu den Hauptmerkmalen dieser Rassen zählt nun mal die Nervenstärke. Trotzdem gibt es in keiner anderen Westerndisziplin so viele Sieger anderer Rassen wie bei Trail-Prüfungen. Viel wichtiger als die Rasse des Pferdes ist die Fähigkeit des Reiters, sich bestmöglich auf die Belange seines Vierbeiners einzustellen, um ein perfektes Team zu bilden. Darum ist der Reiter gezwungen, sich selbst entsprechend zu erziehen, um richtig auf sein Pferd einwirken zu können. Letzten Endes wird nur der ein Hindernis sauber bewältigen, der sich mit seinem Pferd auf derselben Verständigungsebene befindet. Ist es nicht faszinierend zu sehen, wie ein guter

lassen, auf Kommando ruhig stehen bleiben in allen Situationen wie beim Schmied, Tierarzt oder beim Aufsteigen, nicht die Flucht ergreifen vor einem Traktor, oder willig durch eine Pfütze gehen.
Eine solide Trail-Ausbildung ist hierfür sehr hilfreich, auch dann, wenn der Reiter nicht im Sinn hat, sich turniermäßig zu engagieren.

Aufsteigen, Absteigen

Die Bedeutung des korrekten Auf- und Absteigens ist nicht zu unterschätzen. Zum einen sollte dies so geschehen, dass dem Pferd die Möglichkeit gegeben wird, ruhig stehen zu bleiben, zum anderen kann es für den Trail-Reiter ein Teil einer Prüfungsaufgabe sein, wie z.B. beim Groundtying (s. auch S. 53 +132).

Reiter sein Pferd mit unsichtbaren Hilfen vorwärts, rückwärts und seitwärts durch einen schwierigen Parcours dirigiert und dabei ein Bild voller Harmonie und Ruhe abgibt?

Meiner Meinung nach sollte es für jeden Reiter eine Selbstverständlichkeit sein, seinem Pferd Disziplin und Gehorsam in allen Situationen beizubringen. Jedes Pferd sollte sich beispielsweise problemlos verladen

Unbedingte Voraussetzung für das richtige Aufsteigen ist ein »Square« stehendes Pferd. Nur wenn die Beine des Pferdes nebeneinander stehen, darf man erwarten, dass es sich während des Aufstiegs nicht bewegt. Ein schon in Schrittposition stehendes Pferd wird durch das anfänglich einseitige Gewicht des Reiters leicht aus der Balance geraten und dies mit einem entsprechenden Schritt auszugleichen versuchen.

Nachdem Sie den Sattelgurt fest genug angezogen haben, stellen Sie sich so nah wie möglich an das Pferd, ergreifen mit der linken Hand beide Zügel am Widerrist, stecken den linken Fuß möglichst parallel zum Pferd in den Steigbügel, umfassen mit der rechten Hand die Rückenlehne (Cantle) des Sattels und drücken sich mit Schwung vom Boden ab. Versuchen Sie so schnell wie möglich Ihr Gewicht über den Pferderücken zu bringen und stützen sich mit den Knien am Sattel ab, damit der Einsitz langsam und weich vonstatten geht. Ein plötzlicher »Plumps« in den Sattel ist für das Pferd nicht angenehm und veranlasst es vor allem, sich zu bewegen.

Sollte Ihr Pferd trotz der Vorsichtsmaßnahmen (die linke Fußspitze nicht in den Bauch stoßen und langsam einsitzen) sich vorwärts bewegen, rufen Sie es immer wieder mit »Whoa« zur Ordnung, nötigenfalls auch mit Zügelimpulsen. Das Pferd muss während des Aufstiegs und auch danach so lange stehen bleiben, bis Sie ihm ein anderes Kommando geben. Bevor Sie anreiten, sollten Sie die Zügel ordentlich aufgenommen haben und sich auch vergewissert haben, ob nicht die Sattellage wegen des Aufstiegs korrigiert werden muss.

Für die Westernreiter, die sich in Trail-Prüfungen messen, noch ein Hinweis: Es gibt die Regel, dass während der Prüfung weder Pferd noch Sattel mit der oder den Händen berührt werden dürfen. Dementsprechend gibt es Richter (vor allem amerikanische), die es beanstanden, wenn beim Aufstieg beide Hände am Sattel zur Hilfe genommen werden. Da man die Auffassung der jeweiligen Richter meistens nicht kennt, ist es ratsam, den Aufstieg nur mit einer Hand am Sattel zu üben und bei Prüfungen zu praktizieren. Ergreifen Sie dazu mit der linken Hand die Zügel, erfassen mit der gleichen Hand das Sattelhorn und ziehen sich, unterstützt durch den Beinabstoß vom Boden, nach oben. Die rechte Hand berührt dabei den Sattel nicht. Ein solcher Aufstieg wird Ihnen anfänglich nur schwer gelingen und bedarf deshalb einiger Übung. Auf jeden Fall vermeiden Sie so eventuelle Punktabzüge.

Für das Absteigen gelten die gleichen Regeln, natürlich in umgekehrter Reihenfolge. Bevor Sie absteigen, muss das Pferd wieder »Square« stehen, damit es wegen der einseitigen Bügelbelastung nicht seinen sicheren Stand korrigieren muss. Schwingen Sie Ihr rechtes Bein langsam nach hinten über die Pferdekruppe, geben im linken Knie schnell nach und behalten den linken Fuß so lange im Steigbügel, bis das rechte Bein den sicheren Stand gefunden hat. Bitte springen Sie nicht vom Pferd, da dies mangelnde Kontrolle zur Folge hat. Während des Abstiegs hat das Pferd wiederum ruhig stehen zu bleiben. Auch ist selbstverständlich, dass Sie bis zum Ende die Zügel in der linken Hand behalten.

Korrekter Sitz

Ob Sie nun »Nur«-Geländereiter sind oder ob Sie Turnierreiter sind, immer sollten Sie auf Ihren richtigen Sitz achten. Denn nur so können Sie korrekt mit Kreuz oder Schenkeln auf das Pferd einwirken.

Schultern, Hüfte und Ferse sollten eine senkrechte Linie bilden. Der Oberkörper ist aufgerichtet, die Knie sind leicht angewinkelt, die Fersen sind tiefer als die Fußspitzen. Der ganze Fuß sollte parallel zum Pferdekörper gehalten werden, damit die Knie fest am Sattel liegen. Die Ellenbogen sollten nahe am Körper liegen, die Unterarme verlaufen fast waagerecht, sodass die Hände ca. 10 cm über dem Sattelhorn getragen werden können. Der häufigste Fehler besteht darin, dass die Beine zu weit nach vorne gestreckt werden und sich damit das Gesäß am Cantle befindet. Bei diesem Sitz ist das Abkippen des Beckens und die entsprechende Gewichtseinwirkung nicht mehr möglich. Weiterhin ist die richtige

und eventuell schnelle Schenkeleinwirkung erheblich erschwert, weil durch die weggestreckten Schenkel

Der Schenkel soll nicht zu weit vorne liegen.

der Weg zum richtigen Punkt zu weit ist und zu lange dauert. Liegen die Unterschenkel nicht in der richtigen Position am Pferd, bringt das Anspannen der Wadenmuskeln keinen Kontakt zum Pferdekörper und die weichen, kaum sichtbaren Schenkelhilfen sind nicht möglich. Nur wenn die Schenkel von vornherein richtig liegen, können Sie Ihr Pferd exakt durch Hindernisse dirigieren.

Anreiten

Schon bei der Bodenarbeit haben Sie Ihr Pferd daran gewöhnt, dass es sich bei dem Kommando »Come on« oder auch »Walk« in Bewegung zu setzen hat. Auch vom Sattel aus wird es mit dieser Worthilfe zum Losgehen aufgefordert.

Unterstützen Sie diese Aufforderung mit einer Gewichtshilfe und der Zügelhand. Die Gewichtshilfe besteht in einem leichten Vorbeugen des Oberkörpers. Die Zügelhand geht als optische Hilfe etwas nach vorne. Wenn Sie immer wieder das Wortkommando mit diesen beiden Hilfen kombinieren, wird Ihr Pferd die Hilfen mit der Zeit verstehen und es bedarf nicht mehr des Wortes. Sollte Ihr Pferd anfänglich nicht auf die drei Hilfen (Wort, Gewicht, Zügel) reagieren, müssen Sie mit den Schenkeln nachhelfen. Mit der Zeit sollten Sie jedoch von der Schenkelhilfe wegkommen.

Für die Trail-Reiter kann es von großer Bedeutung sein, mit welcher Geschwindigkeit und mit welcher Schrittlänge das Pferd losgeht. Zum Beispiel kann beim Anreiten eine Stange vor den Hufen des Pferdes liegen, die ohne Berührung überschritten werden muss. Die Entfernung der Stange von den Hufen hat entscheidenden Einfluss auf die Hilfengebung.

Liegt die Stange sehr nahe vor den Hufen, müssen die Hilfen sehr vorsichtig gegeben werden, damit das Pferd die Möglichkeit hat, bei kurzen Schritten nicht nur das erste Bein, sondern auch das zweite entsprechend anzuheben.

Liegt die Stange weiter weg, ist ein größerer erster Schritt erforderlich. Das bedingt eine intensive Hilfengebung. Je weiter die Zügelhand nach vorne geht, umso größer wird der erste Schritt werden.

Muss der erste Schritt relativ groß werden, ist zusätzliche Schenkelhilfe angesagt. Je stärker der Schenkeldruck eingesetzt wird, desto größer ist der erste Schritt und auch die Antrittsgeschwindigkeit. Eine solche genaue Abstimmung bedarf natürlich einiger Übung. Dabei sollten Sie das Prinzip des »wachsenden Schenkeldrucks« anwenden. Das heißt, dass der Druck mit minimalster Stärke beginnt und zunehmend stärker wird. Zeigt Ihr Pferd die gewünschte Reaktion, muss der Druck sofort aufhören.

Haben Sie Ihr Pferd auf diese Weise gegenüber der Hilfengebung sensibilisiert, können Sie sogar bestimmen, mit welchem Fuß Ihr Pferd zuerst losgeht. Soll es z.B. mit dem rechten Vorderfuß beginnen, verlagern Sie Ihr Gewicht in den linken

Steigbügel. Der unbelastete rechte Fuß wird dann zuerst nach vorne gehen.

Wichtig ist letztlich, dass Sie Ihre anfänglich noch notwendig treibende Schenkeleinwirkung immer weiter reduzieren, eine leichte Berührung statt eines Drucks ausreicht, bis Sie ganz auf den Schenkel für das Anreiten verzichten können. Bei einem so sensibilisierten Pferd wird dann ein etwas stärkerer Schenkeldruck ausreichen, damit es antrabt.

Anhalten

Bei der Bodenarbeit hat Ihr Pferd bereits das Kommando »Whoa« kennen- und akzeptieren gelernt. Dieses Wort ist auch die wichtigste Hilfe, wenn Sie, im Sattel sitzend, Ihr Pferd zum Anhalten bewegen wollen. Damit Sie später des Wortes aber nicht mehr bedürfen, müssen andere Hilfen mit der Zeit das Wort ersetzen. Dazu zählen das Gewicht und anfänglich auch die Zügel. Endziel muss sein, dass Sie

ganz auf die Zügel verzichten können und diese nur im Notfall zum
Einsatz kommen.

Sofort nach dem Kommando
»Whoa« kippen Sie in der Hüfte
ab, indem Sie Ihre Bauchmuskeln
anspannen. Dadurch wird der
Schwerpunkt etwas nach hinten
verlagert. Gleichzeitig heben Sie
Ihre Zügelhände etwas nach oben,
was eine leichte Verkürzung der
Zügel bewirkt. Dies bedeutet aber
keinen Zug. Sobald das Pferd reagiert und zum Stehen kommt, nehmen Sie wieder Ihre normale Position ein. Sollte Ihr Pferd das Kommando »Whoa« ignorieren, können
Sie durch leichtes Zupfen am Zügel
nachhelfen. Auch eine optische Hilfe
zum Anhalten kann Ihr Pferd erlernen. Gleichzeitig mit der Verlage-

Neckreining.

rung des Schwerpunktes nach hinten bringen Sie dazu Ihre Unterschenkel deutlich sichtbar nach
vorne. Im Laufe der Zeit sollten Sie
jedoch, je nach Fortgang des Lernprozesses, diese optische Hilfe auf
ein Minimum reduzieren.

Da in Trail-Prüfungen häufig der
Stopp an einem bestimmten Punkt

gefordert wird, ist es wichtig, die
Hilfen frühzeitig zu geben, damit Ihr
Pferd auch die Chance hat, am richtigen Punkt anzuhalten. Kommt die
Hilfe zu spät, ist ein starker Zügel-
zug schon vorprogrammiert und
genau das sollten Sie vermeiden.

Neckreining

Nicht nur die Westernreiter, sondern auch die Freizeit- und Geländereiter sollten das Neckreining in
ihr Trainingsprogramm aufnehmen
und somit dem Pferd beibringen,
dass es dem Druck des äußeren
Zügels am Hals weichen soll.
Speziell für Westernreiter ist der
Einsatz dieser Hilfe sehr sinnvoll,
um das Pferd ohne Zug am Zügel
steuern zu können. Dies gilt übri-
gens nicht nur für die einhändig

gerittenen Pferde, bei denen das Neckreining ja Voraussetzung ist für eine korrekte Zügelführung. Auch bei beidhändiger Zügelführung, die im Training des Trail-Pferdes sowieso üblich ist, sollte das Neckreining beherrscht werden. Neckreining bedeutet, den äußeren Zügel z.B. bei einer Richtungsänderung oder bei einer Hinterhandwendung zum Einsatz zu bringen bzw. eine gerade eingenommene Stellung, Richtung oder Bewegung beizubehalten. Bei Beginn des Trainings ist dieser äußere Zügel anfänglich eine unterstützende Steuerungsmaßnahme, während der direkte Zügeleinsatz des inneren Zügels noch vorherrschend ist. Im Laufe des Trainings muss der innere Zügel aber immer mehr an Bedeutung verlieren, wäh-

rend der Druck des äußeren Zügels immer mehr die Hilfe sein muss, auf die das Pferd reagieren soll. Natürlich müssen Sie Ihrem Pferd die Bedeutung des äußeren Zügels erst einmal klarmachen. Beginnen Sie mit der einfachen

Richtungsänderung. Dazu reiten Sie so auf dem Hufschlag, dass die mähnenfreie Seite des Pferdehalses zur Bande zeigt. Der Zügel dieser Seite ist jetzt der äußere Zügel. Um nun einen Kreisbogen nach innen einzuleiten, führen Sie die äußere Zügelhand nach innen in Richtung Mähnenkamm. (Anfänglich kann die Hand über den Mähnenkamm hinaus geführt werden.) Der äußere Zügel berührt den Pferdehals und übt einen Druck auf diesen aus. Auf keinen Fall dürfen Sie am Zügel ziehen, sodass ein Zug am Pferdemaul entsteht. Es ist deshalb ratsam, die Hand nicht nur seitwärts über den Mähnenkamm, sondern auch etwas vorwärts zu führen. Dabei entsteht nicht nur der Zügeldruck am Pferdehals, der Zügel streicht auch leicht gegen den Haarstrich nach vorne.

Mit der inneren Hand verkürzen Sie impulsartig aus dem Handgelenk heraus den inneren Zügel, stellen das Pferd damit nach innen und geben ihm somit durch einen zusätzlichen Druck in den inneren Steigbügel zu verstehen, dass es nach innen abwenden soll. Wollen Sie nach der Richtungsänderung geradeaus weiterreiten, nehmen Sie wieder Ihre normale Position ein. Wollen Sie jedoch weiter auf einem Kreisbogen reiten, bleibt der äußere Zügel am Hals und der Druck des Zügels am Hals wird aus dem Handgelenk impulsartig leicht erhöht. Die innere Hand sorgt weiter durch Zunehmen und Nachgeben für den Beibehalt des Kreis-

bogens. Nach und nach wird Ihr Pferd verstehen, dass es dem Druck des indirekten Zügels weichen soll. In gleichem Maße können Sie den inneren direkten Zügel vernachlässigen, obwohl er immer für korrek-

te Stellung verantwortlich sein kann. Irgendwann reagiert Ihr Pferd alleine auf das Anlegen des indirekten Zügels.

Das Neckreining wird Pferd und Reiter aber nicht nur bei Richtungsänderungen unterstützen, sondern auch beim Seitwärtstreten, Vor- und Hinterhandwendung und auch als Begrenzung von großer Bedeutung sein. In den entsprechenden Kapiteln werde ich darauf eingehen.

Hinterhandwendung

Da es im Trail-Reiten auf Genauigkeit des Bewegungsablaufes ankommt, wird die Hinterhandwendung im Schritt oder aus dem Stand trainiert. In jedem Trail-Parcours müssen Hinterhandwendungen geritten werden, auch wenn es nicht ausdrücklich in der Pattern gefordert ist.

Die Hilfen bestehen aus dem äußeren, indirekten Zügel (Neckreining), dem äußeren Schenkel und aus der Gewichtsverlagerung nach hinten. Bei dieser Übung beschreibt die Vorhand einen Kreis um die Hinterhand bzw. einen Teil eines Kreises. Die Hinterhand bildet das Zentrum des Kreises. Das innere Hinterbein soll auf dem Punkt drehen, während das äußere lediglich nachsetzt.

Beginnen Sie die Übung aus dem Stand auf dem Hufschlag. Die Bande stellt zur Begrenzung der Hinterhand anfänglich eine gute Hilfe dar. Wenn Sie eine Wendung nach links üben wollen, ist der rechte

Zügel der indirekte Zügel und der rechte Schenkel der treibende. Verlagern Sie Ihr Gewicht nach hinten, und zwar etwas mehr auf den linken Fuß des Pferdes. Dadurch wird es dem Pferd schwerer gemacht, den zentralen linken Fuß zu bewegen. Mit etwas Druck im linken Steigbügel und dem am Hals anliegenden rechten Zügel lenken Sie die Schulter des Pferdes nach

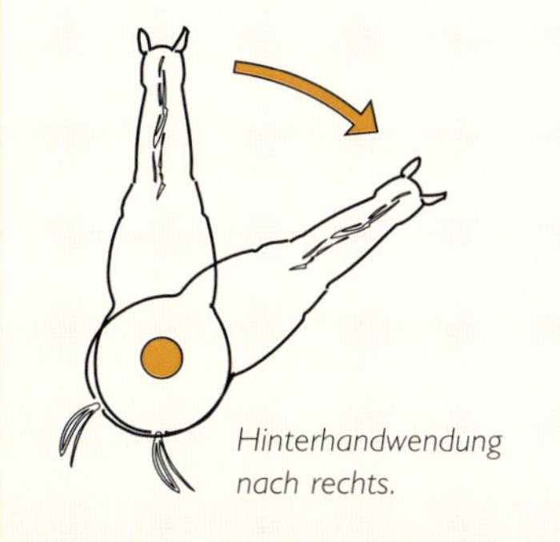

Hinterhandwendung nach rechts.

Die Hinterhandwendung.

links. Dabei treibt Ihr rechter
Schenkel in Gurthöhe immer dann,
wenn das Pferd sein äußeres Vorderbein zum Übertreten anhebt.
Achten Sie darauf, dass das Pferd
auch wirklich vorne übertritt. Wenn
Sie bei der Wendung einen Kreisbogen von 90° erreicht haben, verliert die Bande ihre Wirkung als
Begrenzung und Ihr Pferd könnte
anfänglich mit der Hinterhand ausbrechen. Versuchen Sie dies durch
Zurücklegen Ihres rechten Schenkels verwahrend zu verhindern.
Mit Ihrem inneren linken Zügel
können Sie, leicht zupfend, etwas
nachhelfen, solange Ihr Pferd die
Übung noch nicht verstanden hat.
Am Anfang sollten Sie nicht beanstanden, wenn Ihr Pferd während
der Wendung in sich gerade gestellt

ist. Später sollte jedoch seine Nase
in die Bewegungsrichtung weisen.
Da Pferde bekanntlich optische
Hilfen sehr schnell lernen, können
Sie auch hier eine solche als zusätz-
liches Mittel einsetzen. Schieben Sie
dazu kurz vor Beginn der Wendung
Ihren inneren Unterschenkel deut-
lich nach vorne. Sehr schnell wird
Ihr Pferd dies als erstes Anzeichen

für eine Hinterhandwendung verstehen und reagiert später schon
auf ein leichtes Vorrücken Ihres
inneren Schenkels. So können Sie
die weiteren Hilfen immer mehr
reduzieren, bis sie fast unsichtbar
werden. Üben Sie die Wendungen
so lange an der Bande in beiden
Richtungen, bis Sie ganz sicher sind,
dass das innere Hinterbein stehenbleibt. Erst danach können Sie es an
anderen Stellen versuchen.
Nach Vollendung der Wendung sollten Sie immer verharren und nicht
sofort weiterreiten.

Vorhandwendung

Da bei der Vorhandwendung das
Pferd sein Hauptgewicht auf die
Vorhand nehmen muss, die Wes-
ternreitweise aber bestrebt ist, dies

zu vermeiden, wird man diese Übung hauptsächlich nur im Trail finden. Hier kann sie jedoch häufiger vorkommen, wie z.B. im Quadrat, im Stangen-L, am Tor oder zur Korrektur der Ausgangsstellung vor einem Hindernis.

Die Hilfen des Reiters bestehen aus Verlagerung des Gewichts nach vorne, dem Anlegen des indirekten Zügels und dem treibenden Schenkel.

Wie bei der Hinterhandwendung sollte der Drehfuß bei der Verlagerung Ihres Gewichts nach vorne die Hauptlast zu tragen haben, damit dieser Fuß auf der Stelle dreht. Der jeweils treibende Schenkel wirkt hinter dem Gurt ein und treibt impulsartig die Hinterhand kreisförmig um die Vorhand.

Üben Sie mit dem Schenkel keinen anhaltenden Druck aus, sondern fordern Sie jeden Schritt neu durch Druck, Nachlassen, Druck, Nachlassen ...

Ein Zügel wird am Hals angelegt und soll das Seitwärtstreten mit der Vorhand verhindern. Der andere Zügel sorgt für die Stellung, die Biegung.

Wie bereits in den entsprechenden Kapiteln der Bodenarbeit erwähnt, herrscht vielerorts Uneinigkeit darüber vor, in welche Richtung eine vorgeschriebene Wendung zu drehen ist. Auch in der Literatur wird häufig falsch beschrieben.

Deshalb hier nochmals eine genaue Erklärung für eine Vorhandwendung nach z.B. links:

Der begrenzende Zügel ist der rechte.

Der Pferdekopf wird leicht nach links gestellt.

Der Drehfuß des Pferdes ist der linke Huf.

Der treibende Schenkel ist der linke.

Die Hinterhand wandert gegen den Uhrzeigersinn.

Merken Sie sich einfach den Satz: Eine Wendung nach links erfolgt immer gegen den Uhrzeigersinn, eine Wendung nach rechts wird im Uhrzeigersinn gedreht.

Sidepass-Seitwärtstreten

Nicht nur für einen Trail-Reiter, sondern auch für jeden Freizeit- oder Wanderreiter ist das korrekte Seitwärtstreten des Pferdes von großer Bedeutung. Vom Reiter wird eine genaue Feinabstimmung der Zügel und Schenkelhilfen gefordert. Die erforderlichen Hilfen sind das Neckreining, der treibende Schenkel und die richtige Gewichtsverlagerung.

Für das Seitwärtstreten der Vorhand ist der anliegende indirekte Zügel zuständig. Der einseitig treibende Schenkel eine Handbreit hinter dem Gurt sorgt für das gleichzeitige Seitwärtstreten der Hinterhand. Die richtige Abstimmung der Zügel und Schenkelhilfe ist Voraussetzung für das gleichzeitige Seitwärtstreten von Vor- und Hinterhand.

Die unterschiedliche Gewichtshilfe stellt in ihrer Art eine Besonderheit dar. Während bei allen anderen

Übungen das Pferd dahin treten soll, wohin der Reiter sein Gewicht verlagert (also unter den Schwerpunkt des Reiters tritt), soll beim Seitwärtstreten das Pferd dem Reitergewicht weichen. Wenn der Reiter sein Gewicht beispielsweise nach links verlagert, soll das Pferd nach rechts Seitwärtstreten. Solange das Pferd diese Lektion noch nicht verstanden hat, wird es versuchen, nach vorne oder hinten auszuweichen. Stellen Sie deshalb im Anfangsstadium Ihr Pferd gegen die Bande oder einen Zaun, damit es nicht nach vorne weglaufen kann. So vermeiden Sie auch das nicht wünschenswerte Ziehen am Zügel. Weicht Ihr Pferd jedoch nach hinten aus, so muss es sofort wieder nach vorne getrieben werden.

6

Ihr Pferd wird bald begreifen, dass ihm nur noch der Weg zur Seite bleibt. Wenn Sie Ihre Bemühungen mit dem Wortkommando »Side« begleiten, wird es sich an die Bodenarbeit erinnern und sehr schnell den Sidepass begreifen.

Schon zu Anfang müssen Sie darauf achten, dass das Pferd mit Vor- und Hinterhand nach vorne überkreuzt. Dazu ist es erforderlich, Ihr Pferd etwas schräg zu stellen, d.h. mit der Vorhand etwas mehr in die gewünschte Richtung. Ansonsten würden sich die Beine des Pferdes selbst blockieren.

Das Seitwärtstreten Ihres Pferdes sollte langsam und kontrolliert erfolgen. Ein Seitwärts-Rennen ist nicht erwünscht. Sie müssen jeden einzelnen Schritt abfordern. Deshalb dürfen Sie keinen andauernden Schenkeldruck ausüben, sondern müssen für jeden Schritt einen neuen Impuls gegen. Nur so ist es möglich, später Stangenhindernisse im Sidepass zu bewältigen.

Hat Ihr Pferd das Seitwärtstreten verstanden, und zwar in beide Richtungen, können Sie den Abstand zur Bande nach und nach vergrößern.

Backup-Rückwärtsrichten

Bei kaum einer anderen Lektion wie beim Rückwärtsrichten zeigt sich so deutlich, ob Sie die Bodenarbeit ernst genommen haben und ob Ihr Pferd auf Stimm-Kommando reagiert. Das Ziehen am Zügel sollte dabei für alle Reiter tabu sein. Kein Pferd kann mit dem Zügel kontrolliert zurückgezogen werden, obwohl man die Versuche immer wieder sieht.

Gute Reiter der klassischen Reitweise ziehen nicht am Zügel, sondern treiben ihr Pferd gegen den lediglich anstehenden Zügel. Auch viele Westernreiter bedienen sich dieser sicherlich richtigen Methode. Ich möchte aber einen Schritt weitergehen. Wenn Ihr Pferd bei der Bodenarbeit gelernt hat, auf das Wort »Back« willig und sofort rückwärts zu gehen, so ist es nur noch ein kleiner Schritt für die Hilfe aus dem Sattel.

Versichern Sie sich zunächst, ob Ihr Pferd auf das Wort »Back« rückwärts geht, wenn Sie im Sattel sitzen. Das ist nicht unbedingt selbstverständlich, auch wenn es dies vom Boden aus willig tut. Vermeiden Sie unbedingt, am Zügel zu ziehen. Sehr hilfreich wäre hier eine Hilfsperson, die sich vor das Pferd stellt und bei Ihrem Wortkommando (aus dem Sattel) auf das Pferd zugeht und es »vor sich her schiebt«. Auf diese Weise wird sich Ihr Pferd am schnellsten erinnern. Fehlt diese Hilfsperson, so nehmen Sie sich eine Gerte und berühren bei dem Wortkommando die Brust des Pferdes. Folgen so bei steter Wiederholung des »Back« ein, zwei Schritte, halten Sie inne und loben Ihr Pferd. Nach und nach können Sie die Anzahl der Schritte erhöhen.

Da Sie in einer Trail-Prüfung nicht die Worthilfe geben sollten, muss diese durch eine andere Hilfe ersetzt werden. Diese Hilfe ist das gleichzeitige Wippen beider Unterschenkel gegen den Pferdekörper in Gurthöhe. Die richtige senkrechte Lage der Schenkel sollte dabei nicht verändert werden. Lediglich die Unterschenkel seitlich vom Pferd wegbewegen und mit Druck wieder zurück gegen den Gurt. Anfänglich sollte diese seitliche Wippbewegung recht deutlich ausfallen und gleichzeitig mit dem Wort »Back« erfolgen. So wird Ihr Pferd die Wippbewegung mit dem »Back« in Verbindung bringen. Mit der Zeit können die »Back«-Rufe leiser werden und die Wippbewegung weniger sichtbar, bis schließlich nur noch ein gleichzeitiger mehrfacher Druck der Waden gegen den Gurt genügt. Solange dieser wippende Druck anhält, wird Ihr Pferd rückwärts treten. Eine Zügeleinwirkung wird dadurch bei geradem Rückwärtsrichten überflüssig.

Vergessen Sie nicht, in der Übungsphase Ihr Pferd ausgiebig zu loben, sobald es nach der Schenkelhilfe ein, zwei Schritte rückwärts geht.

Head down – watch

Auch dieser Teil der Ausbildung ist nicht nur für Trail-Reiter von Bedeutung, sondern wird auch dem Freizeitreiter im Gelände mehr Sicherheit geben.

Hat das Pferd gelernt, seinen Weg oder Hindernisse genau zu betrachten (watch = beobachten, anschauen), wird es weniger aus Unachtsamkeit stolpern und besser seine Hufe heben. Es soll mehr Verantwortung dafür übernehmen, wohin es seine Füße setzt. Auch für nervöse Pferde ist diese Übung vorteilhaft, weil sie die Entspannung fördert und beruhigend wirkt. Für das Trail-Reiten ist das Head down (Absenken des Kopfes) von entscheidender Wichtigkeit. Nur ein absolut aufmerksames Pferd ist in der Lage, korrekt über Stangen zu schreiten oder über eine Plane und Brücke zu gehen, ohne zu stolpern bzw. anzustoßen. Aufmerksamkeit in diesem Zusammenhang bedeutet: Das Hindernis genau zu betrachten. Dies ist aber nur mit abgesenktem Kopf möglich. Natürlich sieht man bei Prüfungen immer wieder Pferde, die ohne Veränderung der Kopf- und Halshaltung ein Hindernis fehlerlos

bewältigen. Grund dafür ist eine gewisse Routine, die dem Pferd im Laufe der Zeit die Scheu genommen hat und die trotzdem gelernt haben, die Füße richtig zu setzen. Abgesehen davon, dass ein solcher Schlendrian zu keiner guten Manier-Wertung führt, kann man sich nicht darauf verlassen, dass das Pferd auch wirklich die Hufe hoch genug anhebt. Deshalb ist es wichtig, die gewünschte Aufmerksamkeit anzutrainieren.

Schon bei der Bodenarbeit sollte Ihr Pferd das Kommando »Watch« gelernt haben und deshalb wissen, dass der Kopf bei Überschreiten eines Hindernisses so tief wie möglich zu halten ist. Dieses Kommando benutzen Sie auch vom Sattel aus und führen Ihre Zügel-

hand weit nach vorne in Richtung Pferdekopf. Diese weit nach vorne geführte Hand kann später das alleinige Zeichen für das Pferd sein, den Kopf tief zu senken. In der Trainingsphase üben Sie zusätzlich mit einem Finger der Zügelhand einen Druck auf das Genick des

Abfolge beim Head-down.

Pferdes aus. Da Ihr Pferd gelernt hat, einem Druck zu weichen, wird es den Kopf absenken. Der Druck muss sofort aufhören und wieder neu einsetzen, wenn der Kopf noch tiefer hinunter soll. Oft versuchen Pferde, diesem Druck nicht zu weichen, sondern entgegenzuwirken. Wenn Ihr Druck aber nicht nachlässt, werden sie bald die andere Möglichkeit testen und den Kopf senken.

Da Sie sich sehr weit nach vorne lehnen müssen, um den Druck in Genicknähe auszuüben, sollten Sie nach und nach den Druckpunkt in Richtung Widerrist verlegen.

Weiterhin achten Sie bitte darauf, dass Sie beim »Nachvornelehnen« keinen Druck mit den Schenkeln ausüben oder gar klammern. Dies kann Ihr Pferd als treibende Hilfe verstehen und schneller werden bzw. größere Schritte machen. Das Pferd soll aber langsam das Hindernis überwinden.

Je nach Fortgang des Lernprozesses vermindern Sie Ihren Oberkörpereinsatz bis Sie fast gerade im Sattel sitzen bleiben können.

Wichtig ist die Reihenfolge Ihrer Hilfen. Geben Sie Ihrem Pferd immer erst die Chance, auf das verbale Kommando und die weit nach vorne führende Hand zu reagieren. Erst danach setzen Sie gegebenenfalls die Druckhilfe ein.

Trailhindernisse

Grundlagenkenntnisse

Auch wenn die nachfolgend beschriebene Arbeit an den Hindernissen aus dem Sattel heraus der wohl interessanteste Teil der Trainingsarbeit ist, sollte man sich immer wieder daran erinnern, dass die Basis für ein gutes Gelingen die Bodenarbeit darstellt. Mit dieser haben Sie das Vertrauen des Pferdes in Sie und die Hindernisse aufgebaut und Ihren Trainingspartner eine Reihe von verbalen Kommandos beigebracht. Sie haben eingesehen, dass Ihr Pferd nur dann ein Hindernis korrekt bewältigen kann, wenn es dies aufmerksam in Augenschein nehmen kann und dafür den Kopf absenkt.

Es ist Ihnen natürlich auch klar geworden, dass Sie viele Hilfen, die Sie bei der Bodenarbeit angewandt haben, nicht mehr verwenden können, wenn Sie im Sattel sitzen. Es gilt nun diese Hilfen durch andere zu ersetzen. Hat jedoch Ihr Pferd die Wortkommandos verstanden und führt diese auch direkt willig aus, so wird es diese neuen Hilfen mit dem verbalen Kommando in Verbindung bringen und schnell lernen. Voraussetzung ist also das Beherrschen von »Whoa«, »Back«, »Down«, »Watch«, »Come on«, »Up«, »Side« etc. Welche Körperhilfen verwendet werden sollten, finden Sie bei der Besprechung der einzelnen Hindernisse.

Gleichwohl gibt es Verhaltensmuster, die Sie grundsätzlich beachten sollten. So steht nirgendwo geschrieben, dass Sie einen Trail-Parcours schnell bewältigen sollen. Deshalb lehne ich eine Prüfung mit einem Zeitfaktor ab. Ein Trail auf Zeit widerspricht dem Charakter des Trail-Reitens und beschwört unschöne Bilder geradezu heraus. Oberstes Gebot ist also Ruhe und kontrolliertes Reiten. Weiterhin sollten Sie jedes Überreithindernis exakt mittig und im rechten Winkel anreiten. Erstens reduzieren Sie

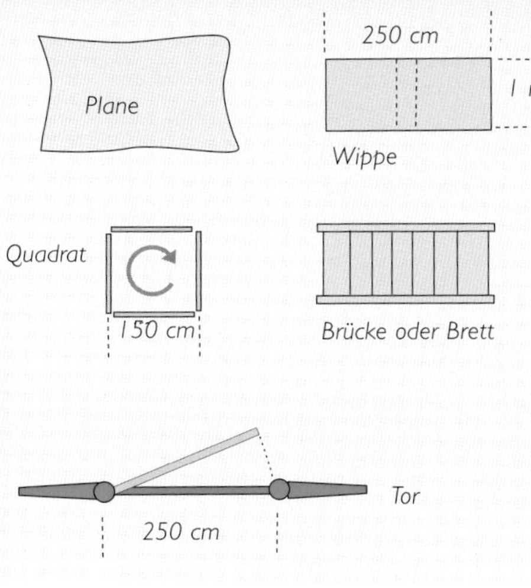

Der Abstand zwischen den Stangen muss im Walk 40-60 cm, im Jog 90-105 cm und im Lope 180-210 cm betragen. Erhöhte Stangen müssen bei der Überwindung im Walk mindestens 55 cm Abstand haben. Im Jog und Lope dürfen sie nicht erhöht sein

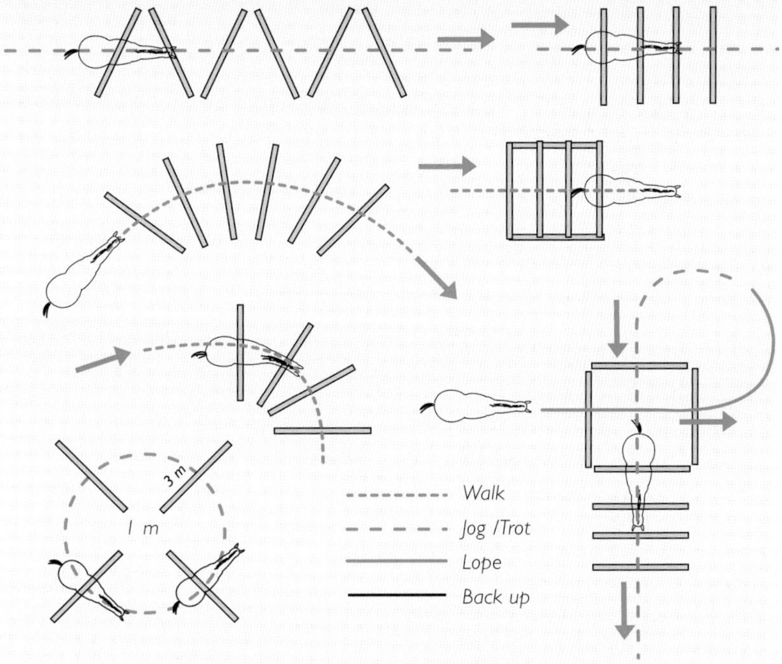

Walk Overs, Trot Overs und Lope Overs

Rückwärtshindernisse mit Stangen und Pylonen

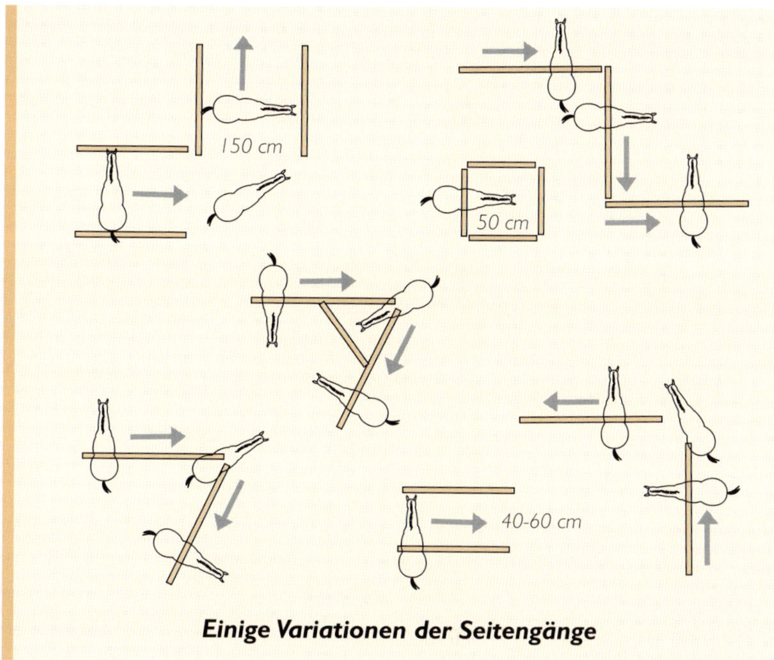

Einige Variationen der Seitengänge

damit ein eventuelles Ausbrechen nach links oder rechts und zweitens geben Sie Ihrem Pferd damit die Chance, das Hindernis genau zu betrachten und Abstände selber abzuschätzen. Es ist deshalb besonders wichtig, dass Sie vor dem Anreiten des nächsten Hindernisses genügend weit »ausholen«. Auch das Einschätzen der richtigen Geschwindigkeit, die durch bestimmte Hindernisse beeinflusst wird, wird Ihnen durch gerades Anreiten erleichtert. Sie sollten bei der Handarbeit an den einzelnen Hindernissen beobachtet haben, welche Schrittlänge Ihr Pferd einsetzt, da auch diese von der Geschwindigkeit abhängig ist.

Letztendlich müssen Sie zwar ein Hindernis so lange üben, bis Ihr

Pferd es routiniert bewältigt, jedoch sollten Sie für Pausen und Abwechslung sorgen, weil ansonsten Lust und Konzentration schnell nachlassen.

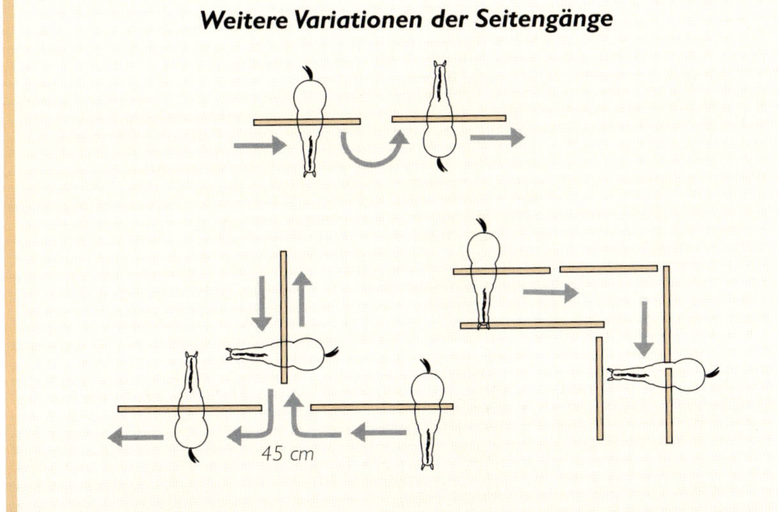

Weitere Variationen der Seitengänge

Lieber täglich 5 Minuten für ein bestimmtes Hindernis und danach ein anderes angehen als 30 Minuten immer das Gleiche. Bedenken Sie auch, dass bei jungen Pferden Bereitwilligkeit und Konzentration viel schneller nachlassen als bei älteren Pferden.

Flattervorhang

Gerade in den unteren Turnier-Klassen wie Freizeit, Einsteiger, Jugend oder Jungpferde findet man dieses Schreckhindernis häufig. Sehr deutlich zeigt sich, ob Sie die Bodenarbeit ernst genommen haben und wie weit Ihr Pferd desensibilisiert worden ist. Es ist völlig sinnlos und falsch, ohne vorherige Übung an der Hand, Ihr Pferd durch die Flatterbänder zwingen zu wollen, so lange kein Vertrauen in das Hindernis besteht. Es entsteht nur ein Kampf, den Sie immer verlieren. Steigen Sie deshalb bei einer Verweigerung spätestens nach dem

Lassen Sie deshalb die Zügel lang, führen Sie Ihre Hand nach vorne und geben Sie das Kommando »Down«. So wird sich Ihr Pferd den Weg selber bahnen. Zu Übungszwecken ist es sinnvoll, anfänglich unter dem Vorhang stehen zu bleiben, um danach langsam gerade weiterzureiten. So verhindern Sie, dass Ihr Pferd losstürmt, sobald die Bänder den hinteren Teil des Körpers berühren.

Übersetzen von Gegenständen
In der Turnierpraxis besteht die Aufgabe meistens darin, dass von einer Tonne zur anderen ein x-beliebiger Gegenstand überzusetzen ist. Die Tonnen haben dabei einen Abstand von ca. 1,20 m. Als Weg dahin kann Schritt, Trab oder

3. Versuch vom Pferd und üben Sie an der Hand. Wenn sich dort der Erfolg eingestellt hat, können Sie wieder aufsteigen und werden auch meistens dann keine Probleme mehr haben. Damit Ihr Pferd den Vorhang genau beobachten kann, reiten Sie gerade und mittig darauf zu. Das Pferd sollte mit »Head-down« durch den Vorhang gehen.

Galopp gefordert sein (siehe Skizze). Als Gegenstand wird in Prüfungen meistens ein Klappersack, ein

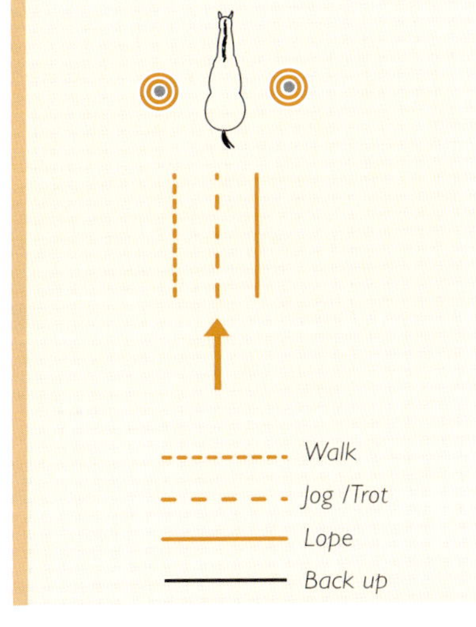

Pylon, eine Fahne, ein Schirm oder eine auffällige Jacke gewählt.

Im Rahmen der Bodenarbeit haben Sie natürlich Ihr Pferd an solche Schreckhindernisse gewöhnt. Ihre Hauptaufgabe sollte deshalb darin bestehen, das Pferd nach geradem Anreiten so zu manövrieren, dass es genau zwischen den Tonnen zum Halten kommt. Ihre Beine sollten sich auf Höhe der Tonnen befinden. Je schneller die geforderte Gangart ist, umso schwerer ist dieses Ziel zu erreichen. Deshalb ist es wichtig, im Training öfters zu üben, aus dem Trab oder Galopp an einen genau bestimmten Punkt zum Halten zu kommen. In der Prüfung ist es wichtig, frühzeitig den Stopp einzuleiten. Es ist besser, noch ein oder zwei Meter im Schritt zurückzulegen als

die Linie der Tonnen zu überreiten. Die exakte Stoppposition ermöglicht es Ihnen, durch leichtes Hinüber- bzw. Hinunterlehnen den Gegenstand zu ergreifen. Wenn Sie zweihändig reiten, müssen Sie vorher die Zügel in eine Hand nehmen. Mit der dann freien Hand ergreifen Sie den Gegenstand und setzen ihn auf der anderen Tonne ab. Mit welcher Hand Sie dies tun, ist Ihnen freigestellt. Sie müssen immer einmal übergreifen, entweder am Anfang oder am Ende. Reiten Sie einhändig, müssen Sie daran denken, dass ein Handwechsel für die Zügel **nicht** erlaubt ist. Während des Übersetzens des Gegenstandes richten Sie Ihren Blick auf die Ohren des Pferdes. Diese verraten Ihnen, ob das Tier mit Scheu oder Gelassenheit reagiert. Sind beide Ohren nach hinten gedreht und angelegt, besteht die Gefahr des Scheuens. Sprechen Sie mit ihm und versuchen Sie, es zu beruhigen. Halten Sie mit dem Übersetzen inne und führen die Bewegung erst weiter, wenn Ihnen seine Ohren das Zeichen dafür geben.

Anfänglich wird Ihnen bei dieser Übung ein unter Umständen folgenschwerer Fehler unterlaufen. Dieser besteht darin, dass Sie zum Ergreifen des Gegenstandes Ihr Gewicht zu sehr auf eine Seite verlagern und womöglich noch mit den Schenkeln klammern. Die Folge ist ein Seitwärtstreten des Pferdes, was bis zum Umwerfen der Tonne führen kann. Da das Pferd aber re-

Ein größerer Abstand zwischen den beiden Tonnen erfordert einen Sidepass.

gungslos stehen bleiben soll, empfehle ich, sich vorwärts-seitwärts zu bücken und dabei so wenig wie möglich das Gewicht zu verlagern. Sollte es sich bei dem überzusetzenden Gegenstand um eine Fahne handeln, können Sie zusätzliche Punkte beim Richter sammeln, indem Sie die Fahne langsam über Hals oder Kopf ziehen. Auch den Klappersack können Sie demonstrativ mit viel Geräusch übersetzen. Damit beweisen Sie, dass Ihr Pferd entsprechend desensibilisiert ist.

Transportieren von Gegenständen

Die beiden Tonnen müssen nicht in geringem Abstand nebeneinander stehen, sondern können 10 m oder 20 m voneinander entfernt aufgebaut sein. Hier besteht die Aufgabe darin, den Gegenstand von einer Tonne zur anderen zu transportieren. Die Gangart ist vorgeschrieben und kann je nach Entfernung in Schritt, Trab und sogar in Galopp bestehen.

Zu Übungszwecken sollten Sie anfänglich den Gegenstand direkt über dem Widerrist tragen, weil das Pferd aufgrund des toten Win-

kels den Gegenstand nicht sehen kann. Erst nach entsprechendem Vertrauensaufbau können Sie den Gegenstand seitlich in der Hand halten. Dinge, die seitlich vom Pferd

gehalten werden, sieht es nur schemenhaft. Deshalb bedarf es einer Gewöhnungsphase.

Üben Sie das Transportieren grundsätzlich mit Fahne, Ballons, Schirm und Klappersack so lange im Schritt, bis keinerlei Scheu mehr erkennbar ist. Im Trab kann die Reaktion ganz anders ausfallen, weil Geräusche und Bewegungen der Gegenstände zunehmen.

Eine Besonderheit stellt das Ziehen von Gegenständen an einem Seil dar. Auch wenn dem Ideenreichtum keine Grenzen gesetzt sind, handelt es sich meistens um einen Sack, einen Autoreifen oder einen Balken. Gezogen werden kann von der Seite in Richtung Pferd, von vorne durch Rückwärtsrichten oder der Gegenstand am Seil muss nachge-

zogen werden. Die letzte Variante ist ohne Zweifel die schwierigste, weil das Pferd alles, was direkt hinter ihm stattfindet, nicht sehen kann. Sie sollten deshalb im Training den Klappersack zum Beispiel so ziehen, dass Ihr Pferd den Vorgang genau beobachten kann. Da ein Klappersack in Ihrer Hand etwas völlig anderes ist als einer, der sich am Boden bewegt, müssen Sie damit rechnen, das Ihr Pferd sehr viel Scheu zeigt, ja sogar in Panik geraten kann. In einem solchen Fall müssen Sie vom Boden aus das Vertrauen aufbauen. Ein mit Stroh statt Dosen gefüllter Sack ist dabei hilfreich.

Erst wenn keine Scheu mehr erkennbar ist, versuchen Sie den Sack hinter sich herzuziehen. Reiten Sie zunächst nur solche Kurven, bei denen das Seil die Hinterhand nicht berührt. Denn dies stellt eine zusätzliche Schwierigkeit dar und sollte ebenfalls vom Boden aus trainiert werden.

Für die Turnierreiter ist es besonders wichtig, die geforderte Aufgabe an Hand der Zeichnung genau zu studieren. In den meisten Fällen sind die Tonnen auf zwei verschiedenen Seiten anzureiten, z.B. die erste Tonne auf der rechten Seite, die zweite auf der linken Seite. Dadurch ist gewährleistet, dass jeder Reiter einmal übergreifen muss, egal mit welcher Hand er reitet. Die Seitenverteilung müssen Sie sich unbedingt einprägen. Reiten Sie in der Prüfung die falsche Seite der Tonne an, ist die Aufgabe nicht be-

wältigt und hat 0 Punkte zur Folge. Wie schnell Anspannung und Aufregung zu einem solchen Fehler führen können, hat die Deutsche Meisterschaft 1997 in Münster gezeigt, bei der im Finale gleich zwei Reitern dieses Missgeschick unterlief.

Plane

Wie intensiv Sie mit Ihrem Pferd die Bodenarbeit trainiert haben, wird sich bei dem Versuch, eine Plane zu überreiten, schnell zeigen. Hat Ihr Pferd die Scheu vor einem solchen Schreck-Hindernis mit Ihrer Hilfe verloren, so werden Sie auch als Reiter kaum Probleme damit haben. Betont wurde schon, das Sie das Aussehen einer Plane häufig verändert haben, also andere

Farben gewählt haben, die Größe verändert haben oder die Plane mit Stangen begrenzt haben. Auch kleine Regenpfützen darauf verändern das Bild für Ihr Pferd gewaltig. Reiten Sie gerade und mittig auf die Plane zu und geben Sie mit der Hand nach, sobald das Pferd den Kopf senken will, um die Plane eingehender zu betrachten. Nicht nur zu Beginn, sondern während des gesamten Überritts sollte das Pferd den Kopf so tief wie möglich halten. Eine solche Manier zeigt, dass das Pferd die Plane mit hoher Aufmerksamkeit überschreitet. Das Hinüberreiten sollte weiterhin langsam und ohne Steigerung der Geschwindigkeit erfolgen. Pferde, die durch Bodenarbeit und häufiges Überreiten von Planen daran gewöhnt sind, können schnell nachlässig werden. Dies führt dazu, dass sie zwar die Plane in Ruhe bewältigen, ihr aber keine Aufmerksamkeit mehr schenken.

Der dann nicht abgesenkte Kopf wird als schlechte Manier bewertet. Darüber hinaus kann die mangelnde Aufmerksamkeit aber auch dazu führen, dass eine eventuelle auf der Plane liegende Stange nicht deutlich wahrgenommen wird und damit die Hufe nicht genug angehoben werden. Es ist deshalb empfehlenswert, auch mit einem routinierten Pferd niemals auf das tiefe Absenken des Kopfes zu verzichten. Hat Ihr Pferd noch nicht das nötige Vertrauen, dürfen Sie keinen Zwang ausüben. Das würde nur dazu führen, dass es seitwärts oder rückwärts wegtritt und noch mehr Angst bekommt. Lassen Sie es vor der Plane stehen, so lange es will, aber nur, wenn es sich mit dem Hindernis beschäftigt. Verhindern Sie in Ruhe lediglich ein eventuelles Wegtreten.

Lassen Sie sich sehr viel Zeit, es kann lange dauern, bis der erste oder zweite Schritt auf die Plane erfolgt. Da jedoch Ihr Pferd keine Möglichkeit bekommt, wegzulaufen bzw. umzudrehen, wird es schließlich nachgeben und den ersten Schritt wagen. Will es wirklich nicht gelingen, steigen Sie vom Pferd und führen es an der Hand hinüber. Nach ausgiebigem Lob wird der nächste Versuch aus dem Sattel dann ein Erfolg sein.

Letztendlich hat das Pferd das Gefühl, ohne Zwang selber entschieden zu haben. In Wirklichkeit haben Sie ihm aber den Weg ohne Gewalt vorgegeben.

7

Brücke

Für jeden Trail-Parcours ist die Brücke ein Pflichthindernis. Sie ist ausschließlich im Schritt zu überwinden. Gerades und mittiges Anreiten ist wichtig, damit das Pferd Zeit genug hat, das Hindernis zu betrachten. Das »Head-down« vor Beschreiten des Bretterbodens und während des Überreitens der gesamten Brücke bis zum Ende ist unerlässlich. Zumindest in den höheren Klassen der Turnierszene wird wohl jedes Pferd über die Brücke wandern, es fragt sich nur: wie?! Die Manier spielt deshalb eine entscheidende Rolle. Das genaue Beobachten des Bodens mit abgesenktem Kopf ermöglicht dem Pferd einen sicheren Tritt.

Anfänglich sind die meisten Pferde bemüht, das Hindernis möglichst schnell hinter sich zu bringen. Sie sollten deshalb unbedingt während der Bodenarbeit gelernt haben, langsam auf- und abzusteigen. Noch unsichere Pferde nehmen von sich aus den Kopf nach unten. Geben Sie deshalb mit der Hand stets so weit nach, dass kein Zug am Zügel entsteht. Begleiten Sie dieses Absenken mit dem Wort »Watch« und wippen Sie mit Ihren Unterschenkeln in Gurthöhe gegen den Pferdekörper. Diese Hilfen wird Ihr Pferd im Laufe der Zeit in Verbindung bringen mit tiefem Absenken des Kopfes. Auch ein routiniertes und deshalb vielleicht nachlässiges Pferd sollte immer wieder diese Hilfen erhalten.

Will Ihr Pferd die Brücke zu schnell überwinden, sollten Sie es an verschiedenen Stellen abstoppen und einige Sekunden stehen lassen. Besonders dann, wenn die Vorderbeine schon auf dem Boden, die Hinterbeine aber noch auf dem Hindernis stehen, ist diese Methode besonders wichtig. Bei vielen Prüfungen befindet sich nämlich sowohl vor als auch hinter der Brücke eine Stange im Abstand von ca. 50 cm. Das Pferd soll mit je einem

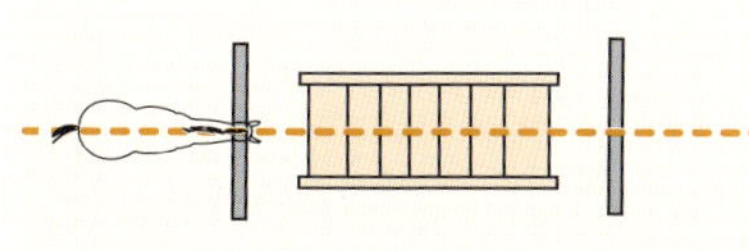

Vorderhuf und Hinterhuf in diesen Zwischenraum treten.
Nur wenn das Pferd sowohl aufmerksam als auch langsam ist, kann dies gelingen. Bei zu viel Tempo werden spätestens die Hinterhufe beim Abgang über die Stange treten.
Der Reiter muss sich bewusst werden, dass die Brücke erst zu Ende geritten ist, wenn die Hinterhufe sie verlassen haben. Deshalb ist der langsame Abstieg besonders wichtig.

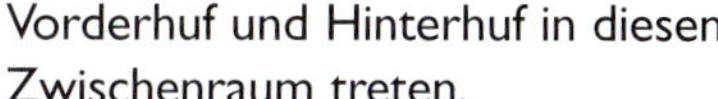

Wippe

Versuchen Sie niemals, ein Pferd über eine Wippe zu reiten, wenn es nicht an der Hand daran gewöhnt wurde. Es würde nur ein Kampf entstehen, den Sie immer verlieren. Wichtig ist auch hier ein gerades

Anreiten, damit sich das Pferd frühzeitig damit beschäftigen kann. Spätestens einen Meter vor dem Hindernis müssen Sie dafür sorgen, dass der Kopf möglichst tief abgesenkt wird. Bringen Sie dazu Ihre Zügelhand weit nach vorne und wippen Sie mit Ihren Unterschenkeln. Ihre Worthilfe »Watch« sollten Sie nicht vergessen. Rechnen Sie auch damit, dass Ihr Pferd entweder seitlich vorbeigehen will oder von der Wippe seitwärts zu früh absteigt. Ihre Schenkel und der entsprechende Neckreining-Zügel müssen schnell reagieren.

In der Übungsphase ist es ratsam, das Pferd abzustoppen, und zwar unmittelbar nachdem die Wippe gekippt ist. Damit vermeiden Sie ein eventuelles zu schnelles Abstei-

gen. Bevor Sie weitermachen, müssen Sie den Pferdekopf wieder nach unten dirigieren.

In vielen Prüfungen befindet sich in 50 cm Abstand vor und hinter der

Wippe je ein Balken. Wie bei der Brücke sollte ein Vorder- und ein Hinterbein dazwischen aufhufen. Langsames Anreiten und Absteigen ist hierfür Voraussetzung.

Zum weiteren Aufbau des Vertrauens können Sie versuchen, auf dem Hindernis zu schaukeln. Stoppen Sie exakt in der Mitte, wenn das Brett beginnt zu kippen. Meistens genügt schon Ihre Gewichtsverlagerung nach hinten, damit die Wippe wieder zurückkippt. Bei etwas Übung können Sie erreichen, dass das Pferd ruhig steht und die Wippe allein durch Schwerpunktverlagerung mehrfach vor- und zurückkippt.

Eine weitere Variante ist das Anreiten der Wippe seitwärts zum höher stehenden Ende. Das Pferd soll die höhere Seite niedertreten und danach darauf steigen. Stehen beide Hufe auf der Wippe, stoppen Sie und vollführen einen Sidepass zum anderen Ende der Wippe. Bei dieser Übung müssen Sie unbedingt darauf achten, dass die Hufe vor dem Niederdrücken der Wippe nicht zu nahe an dem Brett stehen, da sich das Pferd sonst an der Hufkrone verletzen kann.

Stangen-Walk-over

In der Trail-Prüfung ist das Überreiten von mindestens 4 Stangen ein Pflichthindernis. Die vorgeschriebene Gangart kann Schritt, Trab oder auch Galopp sein. Auf den ersten Blick erscheint die Schrittvariante die einfachere zu sein, jedoch sollte man den Schwierigkeitsgrad nicht

unterschätzen, da eine genaue Feinabstimmung zwischen Tempo und Schrittlänge erforderlich ist. Dies erfordert viel Übung und genaue Kenntnis der gewöhnlichen Schrittlänge Ihres Pferdes. Da der größte Teil der Arbeit vom Pferd zu erledigen ist, müssen Sie ihm die Chance geben, selber den richtigen Weg im Hindernis zu suchen, d.h. zwischen den Stangen aufzuhufen. Sie müssen also ganz besonders auf das korrekte Anreiten achten. Sie sollten in ausreichend großer Entfernung gerade und mittig anreiten und die Geschwindigkeit stark herabsetzen. Damit geben Sie dem Pferd die Möglichkeit, schon den letzten Schritt vor dem ersten Balken richtig zu platzieren.

In der einfachsten Form des Stangen-Walk-over liegen die 4 Stangen in gleichmäßigem Abstand parallel hintereinander. Der Abstand zwischen den Stangen beträgt 40 und 60 cm, wobei im Turnier meistens der Mittelwert von 50 cm gewählt wird. Etwa 2 bis 4 Meter vor dem Hindernis nehmen Sie das Tempo stark zurück und entlasten den Pferderücken dadurch, dass Sie Ihr Gewicht etwas nach vorne aus dem Sattel nehmen. Das Kommando »Watch« mit Vorgehen der Zügelhand soll Ihr Pferd veranlassen, den Kopf abzusenken und seine Aufmerksamkeit auf die Stangen zu richten. Das extrem langsame Tempo und die damit kurzen Schritte ermöglichen dem Pferd, seine Hufe hoch genug zu heben und genau

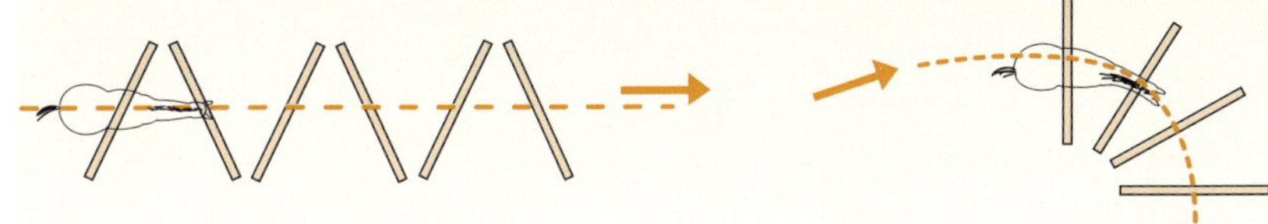

zwischen den Stangen aufzusetzen. Auch wenn Sie aus Ihrer Sicht glauben, alles richtig gemacht zu haben (also gerade, mittig und betont langsam angeritten sind), werden Sie doch anfänglich mit zwei Problemen konfrontiert. Nachlässige Pferde tendieren nämlich dazu, eine oder mehrere Stangen beim Überschreiten zu touchieren. Abgesehen davon, dass das Pferd dadurch den Rhythmus verlieren kann, kostet in einer Prüfung jedes Berühren einen Punkt.

In leichten Fällen genügt während des Trainings ein leichter Impuls mit beiden Schenkeln und ein deutliches »Naaaah« direkt nach der Berührung. Andernfalls müssen Sie zur Bodenarbeit zurückkehren und die dort beschriebenen Hilfen wiederholen. Eine weitere gute Hilfe stellen erhöhte Stangen oder Bahnschwellen dar, die Ihr Pferd mehr anregen, die Hufe zu heben.

Das zweite Problem liegt darin, dass das Pferd eine Lücke zwischen den Stangen auslässt und überhuft. Dies geschieht öfter mit der Hinterhand als mit der Vorhand. Der Grund hierfür liegt meistens in einer Temposteigerung innerhalb des Hindernisses, weil das Pferd dieses so schnell wie möglich hinter sich bringen will. Aber auch der Reiter vergisst sehr schnell, dass das Hindernis noch nicht beendet ist, wenn die Vorhand ihre Arbeit getan hat. Bei zu großen Schritten oder zu hohem Tempo müssen Sie deshalb das Pferd so lange zurücknehmen, bis die Hinterhand die letzte Stange überschritten hat. Empfehlenswert ist, im Training das Hindernis mit 5 Stangen zu legen. Ihr Pferd gewöhnt sich an den Rhythmus, sodass die vierte und letzte Stange auf dem Turnier noch konzentriert überwunden wird.

Eine beliebte Variation für das Walk-over ist der w-förmige oder vw-förmige Aufbau, bei dem sich die Stangen jeweils an einem Ende berühren.

Es sind also 4 oder 6 Stangen zu überwinden, die in Zickzackform liegen. Hier ist es zwingend notwendig, dass das Hindernis genau mittig angeritten und gerade weitergeritten wird. Nur so ist der gleichbleibende Abstand zwischen den Stangen gewährleistet. Schon bei geringfügiger Abweichung von der Mitte variieren die Abstände so sehr, dass nur ein sehr gut mitarbeitendes Pferd sich selber helfen kann und die Schrittlänge ohne reiterliche Hilfe verkürzt oder verlängert. Die schwierigste Variante in der Anordnung der Stangen ist der Fächer. Hierbei wird die erste und vierte Stange im rechten Winkel gelegt und die beiden anderen Stan-

gen im gleichen Abstand dazwischen. Es können aber auch andere Winkel gewählt werden, so lange sich alle 4 Stangen an einem Mittelpunkt treffen und die Abstände an den anderen Enden gleich sind. Bei dieser Stangenkombination wird der Stangenabstand also von innen nach außen immer größer. Damit das Pferd aber gleich große Schritte machen kann, muss der Stangenfächer im Kreisbogen geritten werden.

Da es für ein Pferd nicht einfach ist, mit gebogenem Körper über Stangen zu treten und auch noch ordentlich die Hufe zu heben, wird es anfänglich versuchen, in mehr oder weniger gerader Richtung nach außen zu gehen. Der dabei immer größer werdende Stangenabstand macht somit die Lösung der Aufgabe unmöglich.

Wie bei den parallelen Stangen müssen Sie das Pferd an der Stelle über den Fächer lenken, wo der Abstand der Stangen ca. 50 cm beträgt. Damit Sie lernen, diesen Abstand optisch einzuschätzen, empfehle ich, die Stangen an dieser Stelle zu markieren. Reiten Sie sodann auf einem immer kleiner werdenden Zirkel, um das Pferd an die Biegung und die Hilfen mit dem

äußeren Zügel (Neckreining) und dem äußeren Schenkel zu gewöhnen. Bei dem danach erneuten Versuch, den Fächer in korrektem Bogen zu überwinden, werden Sie bereits wesentlich mehr Erfolg haben. Nach einiger Zeit bekommen Sie das Gefühl dafür, an welcher Stelle Sie den Fächer anreiten müssen und Ihr Pferd lernt, auf dem Kreisbogen zu gehen. Sollte Ihr Pferd die Tendenz haben, nicht nach außen, sondern nach innen zu

driften, so ist dieses Problem meist sehr leicht zu lösen. Ein leichter Druck des inneren Schenkels wird das Pferd in der Spur halten.

Um Routine in die Übung des Stangen-Walk-over zu bringen, sollten Sie bei der parallelen Anordnung der 4 Stangen auch die Variante der abwechselnden einseitigen Erhöhung der Stangen trainieren. Dabei werden z.B. die Stangen 1 und 3 auf der linken Seite und die Stangen 2 und 4 auf der rechten Seite auf gleich hohe Gegenstände gelegt. Dies können lediglich Klötze, aber auch Strohballen sein.

Das mittige Anreiten ist hier besonders wichtig, weil die Stangen nur in der Mitte die gleiche Höhe haben.

Da es immer wichtig ist, nicht nur für Sie, sondern auch für das Pferd, Abwechslung in die Übung zu bringen, empfiehlt sich ein Aufbau der Stangen, wie es das nachfolgende Foto zeigt. Die Stangen sind auf

Die Stangen im Abstand von 50 cm sind zur Hälfte mit einer Plane unterlegt und an der anderen Seite erhöht. Dies ermöglicht verschiedene Schwierigkeitsgrade in einem Hindernis.

einer Seite erhöht und zur Hälfte mit einer Plane unterlegt. So haben Sie die Möglichkeit, die Stangen an verschiedenen Stellen zu überwinden. Einerseits muss das Pferd die Hufe stärker anheben, andererseits wird es mit der zusätzlichen Schwierigkeit der Plane konfrontiert. Eine Plane unter den Stangen ist bei Prüfungen nicht selten anzutreffen.

Stangen-Trot-over

Die Anordnung der Stangen für den Trab ist identisch der Lage beim Walk-over. Liegen die Stangen parallel hintereinander, muss der Abstand zwischen den Stangen ca. 90 cm betragen. Auch bei der w- oder vw-förmigen Anordnung liegt der Abstand in der Mitte der Stangen bei diesem Maß. Wichtig ist

auch hier das gerade und mittige Anreiten sowie das Beibehalten der geraden Linie über dem Hindernis, damit sich für das Pferd der Abstand der Stangen nicht verändert. Traben Sie langsam auf das Hindernis zu und achten Sie darauf, dass Ihr Pferd auch aufmerksam die Stangen betrachtet. Direkt vor der ersten Stange geben Sie mit der Hand soweit nach, dass es zwar die »Schrittlänge« selber bestimmen kann, aber das Tempo im Hindernis nicht erhöht. Die meisten Fehler passieren dadurch, dass die Pferde nach der 2. Stange schneller werden und somit nicht mehr mittig aufhufen. In einem solchen Fall müssen Sie Ihr Pferd über dem Hindernis vorsichtig zurückhalten. Auch hier macht Übung den Meister.

Der Stangenfächer ist im Trab genau der Gleiche wie bei der Schrittübung. Hier liegt es wieder an Ihnen, die richtige Stelle anzureiten. Es versteht sich von selbst, dass Ihr Pferd nur dort eine Chance hat, mittig aufzuhufen, wo der Abstand der Stangen ca. 90 cm beträgt. Wie bei der Übung im Schritt besteht die Schwierigkeit darin, den richtigen und gleichmäßigen Kreisbogen zu beschreiben. Da der Fächer normalerweise immer die gleiche Form hat, ist das Ganze reine Übungssache. Voraussetzung ist natürlich, dass Ihr Pferd gut an den Schenkel- und Zügelhilfen steht.

Bei nachlässigen Pferden empfiehlt es sich, die Stangen leicht zu erhöhen. Dabei können Sie kontrollieren, ob die Hufe auch genügend

angehoben werden. Als zusätzliche Erschwernis können sie eine Plane unter die Stangen legen.

Stangen-Lope-over

Auch das Überspringen einer oder mehrerer Stangen ist sehr häufig Bestandteil einer Trail-Prüfung. Entweder ist der Sprung über eine Stange gefordert (meistens ein Cavaletto), oder es sind 4 Stangen zu überwinden, die im Abstand von ca. 2 Metern parallel oder im Kreisbogen angeordnet sind. Bei einem

4-Stangen-Hindernis kann die letzte Stange erhöht sein.

Jeder Reiter sollte Sprünge über eine oder mehrere Stangen üben, da auch im Gelände ein Sprung über einen Baumstamm erforderlich sein kann. Eine erhöhte Stange sollte das Maß von 45 cm nicht überschreiten.

Beginnen Sie Ihre Übung grundsätzlich mit nur einer nicht erhöhten Stange. Da die Hauptschwierigkeit darin besteht, die Entfernung richtig einzuschätzen, reiten Sie die Stange gerade und mittig im Trab an. Erst einige Meter vor der Stange geben Sie die Galopphilfe. Unerfahrene Pferde überspringen das Hindernis meistens viel zu hoch, vor allem bei einem Cavaletto, weil sie die Höhe nicht richtig einschätzen können.

Auch werden nicht geübte Pferde nach dem Sprung schneller. Deshalb halten Sie nach dem Sprung an und loben Ihr Pferd. Im Laufe der Übung wird Ihr Pferd ruhiger werden und die Stange in gleich bleibendem Rhythmus überwinden. Erst jetzt können Sie schon 20 Meter vor der Stange zum Galopp übergehen und darauf achten, dass Ihr Pferd langsam und ruhig galoppiert. Haben Sie das erreicht, sollten Sie die Übung beenden und erst am nächsten Tag die zweite Stange im Abstand von 2 Metern dazu legen. Auch hier beginnen Sie erst wieder mit einer Trabstrecke und stoppen nach den Stangen. So gewöhnt sich das Pferd an das langsame Tempo. Wenn die dritte und vierte Stange dazu gelegt worden ist, werden Sie erkennen, wie wichtig das versammelte Tempo während des Überreitens ist. Nur so ist das Pferd in der Lage, zwischen den Stangen aufzuhufen. Anfänglich werden Sie jedoch stets bemerken, dass Ihr Pferd spätestens bei Stange 3 schneller und raumgreifender wird, um das Hindernis schnellstens zu beenden. Sitzen Sie deshalb schwer im Sattel und nehmen das Pferd zurück. Im Laufe der Zeit wird es sich an das gleichmäßige und ruhige Tempo gewöhnen.

Da die 4 Stangen in einer Trail-Pattern nicht unbedingt parallel liegen müssen, sollten Sie auch die Kurvenvariante trainieren. Dabei liegen die Stangen in einem großen Kreisbogen, meistens im Übergang der langen Seite zur kurzen Seite des Reitplatzes oder der Halle. Auch hier muss der Abstand der Stangen zueinander in der Mitte ca. 2 m betragen. Je nach Raumgriff der Galoppade Ihres Pferdes können Sie mittig, etwas nach innen (bei sehr kurzem Galopp) oder etwas weiter außen (bei größeren Galoppsprüngen) das Hindernis anreiten. Entscheidend ist der exakte Kreisbogen, damit die Abstände zwischen den Stangen gleich bleiben.

Stangen-Quadrat

Dieses Hindernis stellt eine Kombination aus Überreithindernis und abwechselnden Vorhand- und Hinterhandwendungen dar. Verwenden Sie vier 1,50 m lange Stangen und legen diese zu einem Quadrat. Anfänglich sollten Sie an den Enden der Stangen einen Zwischenraum von 10 cm lassen, sodass der Durchmesser des Quadrates ca. 1,70 m beträgt. Nach fortgeschrittenem Übungsstand sollten Sie dann das Turniermaß von 1,50 m erreichen. Die Aufgabe besteht darin, nach Einreiten in das Quadrat in diesem eine Drehung von 360° zu vollführen, um dann auf der gegenüberliegenden Seite wieder rauszureiten. Dabei dürfen während der ganzen Aufgabe die Stangen vom Pferd nicht berührt werden.

Dieses Hindernis birgt mehr Schwierigkeiten in sich, als es zunächst scheint. Die erste besteht darin, dass beim Einreiten, wie beim Walk-over, die Stange mit den Hufen nicht berührt wird. Das zweite Problem ist, das Pferd so anzuhalten, dass alle vier Beine innerhalb des Quadrates zum Stehen kommen. Ein exaktes Timing Ihrer Hilfen und die schnelle Reaktion des Pferdes können nur nach mehrfachem Üben erreicht werden.

Als Drittes haben ungeübte Pferde oft erhebliche Schwierigkeiten in der Akzeptanz der vier Stangen um sich herum. Deshalb ist es anfänglich sehr wichtig, das Pferd ruhig stehen zu lassen. Haben Sie die Bodenarbeit ernst genommen, wird Ihr Pferd das notwendige Vertrauen bereits besitzen.

Nummer 4 der Problemskala ist die Fähigkeit von Ross und Reiter, die volle Drehung ohne Stangenberührung auszuführen. Und schließlich wird noch gefordert, dass beim Ausreiten die Hufe so hoch gehoben werden, dass die sehr nahe liegende Stange nicht touchiert wird. Es bedarf also einer hohen Aufmerksamkeit von Reiter und Pferd.

Um Ihr Pferd kontrolliert im Quadrat drehen zu können, ist der stete Wechsel von Vor- und Hinterhandwendungen erforderlich. Nur so minimieren Sie Ihre Hilfengebung und damit Kontrolle auf jeweils die beiden Vorder- oder Hinterbeine. Vollführt Ihr Pferd eine so genannte Zentraldrehung, sind alle 4 Beine in Bewegung und damit eine Feinabstimmung quasi unmöglich. Je enger das Quadrat liegt und je größer Ihr Pferd ist, umso mehr müssen Sie darauf achten, dass Ihr Pferd bei den Wendungen nicht

vorkreuzt. Unabhängig von Maß und Größe empfehle ich, generell die Hilfen so fein zu geben, dass das Pferd nach dem Seitschritt das nachfolgende Bein lediglich anstellt. Das Seitwärtsdrehen der Vorhand (also eine kleine Hinterhandwendung) sollten Sie nur durch Anlegen des äußeren Zügels (Neckreining!) einleiten. Legen Sie dabei Ihr Gewicht leicht auf das äußere Vorderbein, damit das innere Bein (der Richtung entsprechend) zuerst seitwärts tritt. Das nachfolgende Bein sollte lediglich anstellen und Ihr Gewicht ist wieder zentral. Damit die Hinterhand nicht gleichzeitig mit tritt, muss der verwahrende äußere Schenkel dies verhindern. Bei der danach folgenden Vorhandwendung treibt der äußere Schenkel vorsichtig die Hinterhand seitwärts auf den Kreisbogen und der innere Zügel verhindert durch Anlegen, dass die Vorhand mit tritt. Machen Sie immer nach einem Side-Step und dem Anstellen eine kleine Pause. Dadurch gewöhnt sich Ihr Pferd an die langsame Reihenfolge der Wendungen. Es ist natürlich nicht erforderlich, dass Sie stur den genauen Wechsel von Vor- und Hinterhandwendung einleiten. Welche Hand dreht, entscheiden Sie nach dem sich ergebenen Platz innerhalb des Quadrates.

Vermutlich werden Sie anfänglich damit konfrontiert, dass Ihr Pferd nicht nur dreht, sondern auch Vorwärts- oder Rückwärtsschritte einbauen will. Auch diesen Fehler bauen Sie mit der Zeit dadurch ab, dass Sie nach jeder kleinen Wendung eine Pause einlegen. Zu Beginn Ihres Trainings kann die ganze Drehung getrost einige Minuten dauern. Entscheidend ist die Ruhe und langsame Bewegung des Pferdes, damit Sie jeden Schritt kontrollieren können.

Nach Vollendung der 360°-Drehung reiten Sie nach deutlicher Hilfe gerade aus dem Quadrat heraus. Da die Hufe nach der gesamten Drehung oftmals sehr nahe an der zu überreitenden Stange stehen, ist es ratsam, die Schenkel beim Ausreiten etwas deutlicher einzusetzen, damit das Pferd seine Beine besser anhebt.

Die Richtung der Drehung in dem Quadrat ist bei einer Prüfung vorgeschrieben. Sie müssen sich demnach die angegebene Drehrichtung genau merken, da ansonsten eine 0-Punkte-Wertung die Folge ist. Auch sollten Sie daran denken, dass das Einreiten in das Quadrat und das Ausreiten am Ende der Übung eine Überreitphase darstellt. Deshalb gewöhnen Sie Ihr Pferd daran, den Kopf abzusenken (Head-down!). Oft wird in einer Prüfung das Quadrat als Kombinationshindernis verwendet. Die zusätzliche Aufgabe besteht in einem Sidepass über die Stangen des Quadrates. Auch hier ist die Richtung vorgeschrieben. Auch wie weit der Sidepass zu reiten sein muss, ist vorgeschrieben. Er kann über alle 4 Stangen gefordert sein. Da immer mindestens eine Ecke des Quadrates zu passieren ist, müssen Sie die Hinterhand

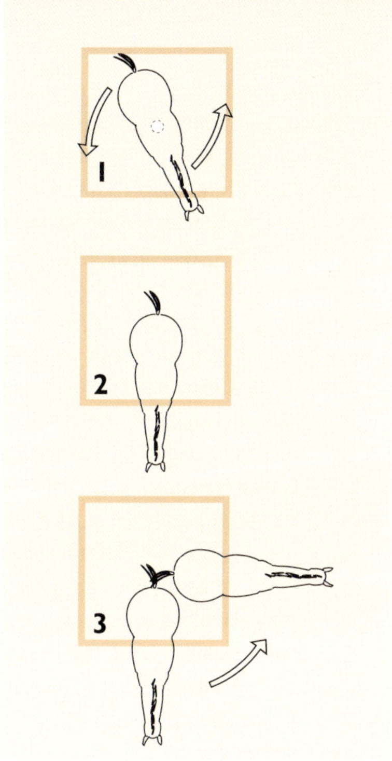

so weit in diese Ecke dirigieren, dass die Vorhand auch eine Chance hat, im Sidepass daran vorbeizutreten. Eine solche Übung sollten Sie im Training nicht vergessen. Das Pferd hat sich nämlich daran gewöhnt, nach der Drehung im Quadrat ganz nach vorne herauszutreten. Es wird deshalb überrascht sein, wenn Sie es abstoppen, nachdem lediglich die Vorhand über die Stange getreten ist.

Rückwärtssteuerung

Bei keiner Trail-Übung gibt es so viele Variationsmöglichkeiten wie beim Rückwärtsrichten durch Stangen oder Pylone.

Doch bei all diesen Hindernissen sind zwei Dinge gleichermaßen zu beachten: Die Steuerung des Pfer-

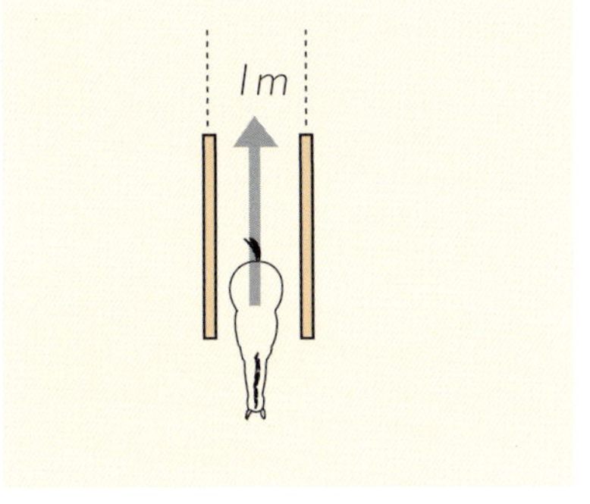

des erfolgt über die Schulter und der Reiter ist ganz allein dafür verantwortlich, wo er hinsteuert, denn das Pferd kann hinten nichts sehen. Es muss dem Reiter also blind vertrauen.

Beginnen sollten Sie Ihr Training mit zwei parallel liegenden Stangen, die als Endziel einen Abstand von ledig-

lich einem Meter haben. Da hierbei keine Kurven zu reiten sind, können Sie sich auf das korrekte gerade Rückwärtstreten konzentrieren. Damit Sie zunächst das Problem des rückwärtigen Einfädeln in die zwei Stangen vermeiden, reiten Sie vorwärts durch die Stangen, bis zwar die Vorhand herausgetreten ist, aber die Hinterhand sich noch in der Parallelen befindet. Nach einigen Sekunden des Verharrens geben Sie mit dem Wort »Back« und der wippenden Schenkelhilfe das Kommando zum Rückwärtstreten. Schauen Sie rückwärts zu einer Stangenseite und achten Sie auf die geradlinige Richtung. Eventuelle Richtungsabweichungen korrigieren Sie über die Schulter durch anlegenden Zügel oder vorsichtige

Schenkelbegrenzung. Die Körperachse des Pferdes muss parallel zu den Stangen verlaufen. Solange Ihr Pferd langsam und ruhig in Bewegung bleibt, können Sie das Hindernis beenden, indem Sie bis ca. 1m aus den Stangen heraustreten. Ist Ihr Pferd unruhig oder zu schnell, machen Sie alle 2 Tritte eine Pause. Das Pferd muss lernen, Geduld zu haben und auf die Reiterhilfen zu warten.

Beim nächsten Versuch reiten Sie zwar wieder erst vorwärts durch die Stangen, aber etwas weiter heraus. Auf diese Weise lernt das Pferd das Einfädeln in der Rückwärtsbewegung zwischen die beiden Stangen.

Die Stangenparallele wird zum Stangen-L, wenn Sie 2 weitere Stangen an einem Ende rechtwinklig hinzufügen. Da hier die Schwierigkeit in der Ecke liegt, sollten Sie zu Beginn einen Stangenabstand von ca. 1,20 m wählen und erst später auf das Normmaß von 1m zurückgehen. Wie bei der Parallele reiten Sie zunächst erst vorwärts und langsam in das Hindernis hinein,

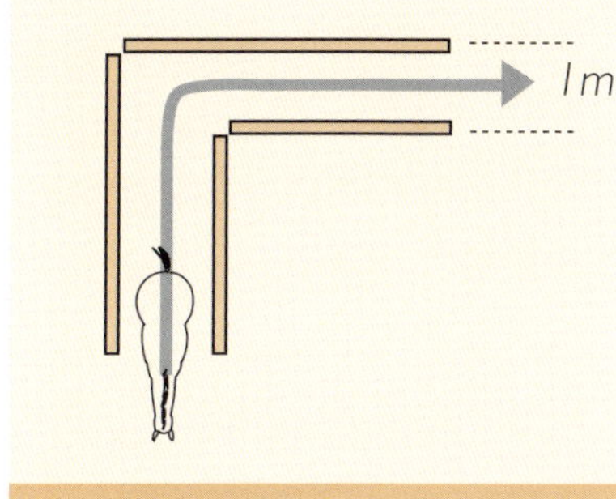

damit das Pferd die Kurve schon kennenlernt.

Während des Rückwärtstretens sollten Sie die innen liegende Stange des L beobachten, weil Sie so auch den inneren Teil der Ecke im Auge haben. Sobald das Pferd mit der Hinterhand in der Ecke angelangt ist, bringen Sie die Vorhand durch Anlegen des Zügels leicht nach außen. Bleibt das Pferd in einer langsamen Rückwärtsbewegung, wird die Hinterhand automatisch auch herumtreten. Wenn nötig, kann der äußere Schenkel der Hinterhand etwas helfen. Dies muss jedoch sehr feinfühlig geschehen, weil viele Pferde sonst einen zu großen Seitwärtsschritt mit dem inneren Hinterbein ausführen und dabei die Stange anstoßen.

Bleibt das Pferd in der Ecke stehen, sind abwechselnd kleine Vorhand- und Hinterhandwendungen erforderlich. Ideal wäre eine kontinuierliche, langsame Rückwärtsbewegung, bei der das Pferd mit kleinsten Schritten auf einem 90°-Kreisbogen geht.

Ist die Kurve geschafft, müssen Sie wieder geradlinig aus dem Hindernis heraussteuern. Viele Pferde werden dabei zu schnell, weil sie die Übung schnell beenden wollen. Lassen Sie das nicht zu, weil auch der letzte Schritt noch kontrolliert absolviert werden soll.

Die Turnierreiter sollten sich angewöhnen, lediglich nach einer Seite rückwärts zu schauen, und zwar zu der Winkelinnenseite. Es ist keine gute Manier, wenn der Kopf ständig

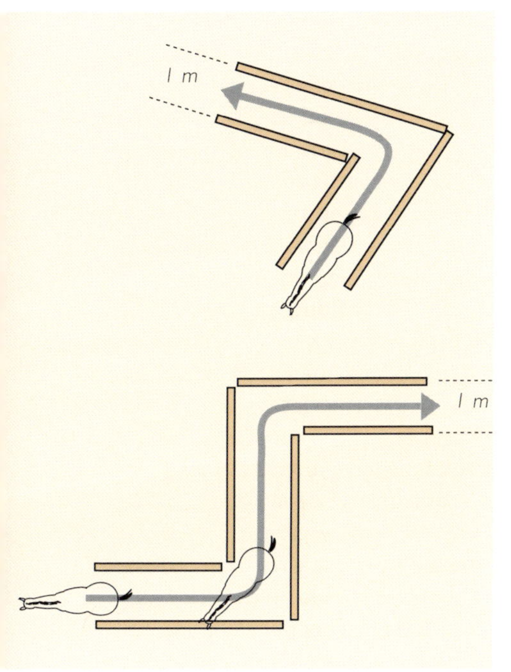

von einer Seite zur anderen wandert. Bei einhändiger Zügelführung sollte man die der Zügelhand entgegengesetzte Seite beobachten. In einer Prüfung werden Sie, egal welche Gangart zum Stangen-L vorgeschrieben ist, niemals in der schon richtigen Stellung des Pferdes zum Hindernis ankommen. Viele Reiter beschreiben zum Erreichen der richtigen Startposition für das »Back-up« einen Kreisbogen oder einen Sidepass. Eine viel bessere Manier ist es, das Pferd so vor dem Einstieg zum »L« anzuhalten, dass lediglich eine Vorhand- und Hinterhandwendung erforderlich ist. Das »Stangen-Z« oder »Stangen-S« ist lediglich eine Erweiterung des »L«, indem durch zwei weitere Stangen noch eine Wendung in die

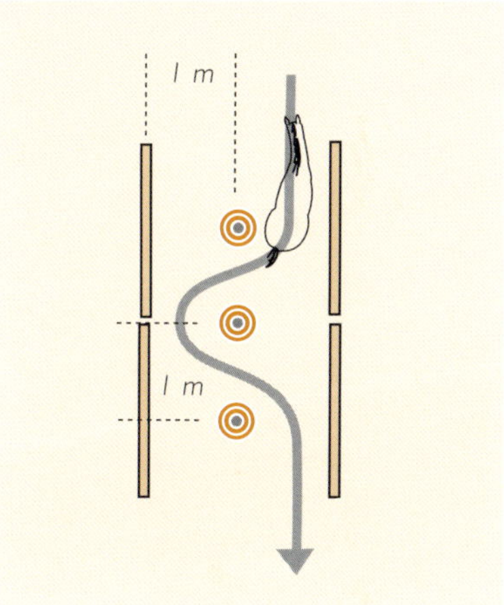

andere Richtung erforderlich wird. Mindestens 3 Pylone, aufgestellt in gerader Linie und einem Abstand von einem Meter, sind schlangenlinienförmig zu umrunden. In einer

Prüfung ist für den Beginn am ersten Pylon die Seite stets angegeben. Diese Startseite müssen Sie sich unbedingt einprägen, weil davon der Verlauf der Schlangenlinie abhängt. Haben Sie erreicht, dass Ihr Pferd langsamen Schrittes rückwärts geht, können Sie die Kurvensteuerung fast ausschließlich über die Vorhand (Neckreining) vollziehen. Bei Bedarf hilft der die Hinterhand seitwärtstreibende Schenkel nach. Kommt Ihr Pferd zum Stillstand, sind kleine Vorhand- und Hinterhandwendungen erforderlich. Die Schenkelhilfen müssen sehr feinfühlig gegeben werden, weil viele Pferde dazu neigen, zu große Seitwärtsschritte (vor allem mit der Hinterhand) zu machen und damit auf die Pylone treten.

Zur Erhöhung des Schwierigkeitsgrades sollten Sie rechts und links der Pylone-Linie je eine Stange parallel hinzufügen, die ebenfalls einen Abstand von einem Meter zur Linie der Pylone haben. Dieses in Prüfungen häufig anzutreffende Hindernis zwingt Sie, die Bogen um die Pylone ganz eng anzulegen.
Eine weitere Variante für die Anordnung von 3 Pylonen oder auch Tonnen ist deren Aufstellung in der Form eines gleichseitigen Dreiecks. An der imaginären Linie zwischen 2 Pylonen wird die Übung begonnen, indem Sie das Pferd rückwärts in Richtung des dritten Pylons steuern. Dieser Pylon muss umrundet werden, um sodann wieder über die gedachte Linie aus dem Hindernis herauszutreten (siehe

Zeichnung rechts). Auch hier kann der Schwierigkeitsgrad erheblich erhöht werden durch 2 rechtwinklig hinzugelegte Stangen. Alle diese Variationen sollten Sie in Ihrem Training versuchen und Ihr Pferd damit vertraut machen. Vergessen Sie aber nicht, dass alle diese Übungen viel Konzentration von Ihrem Pferd verlangen. Damit es nicht überfordert wird, sollten Sie stets

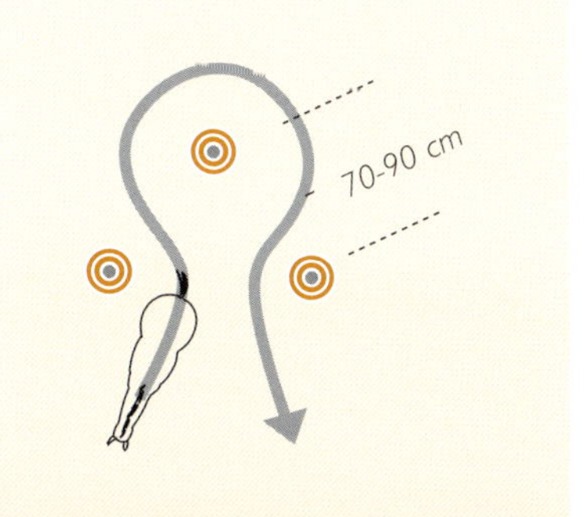

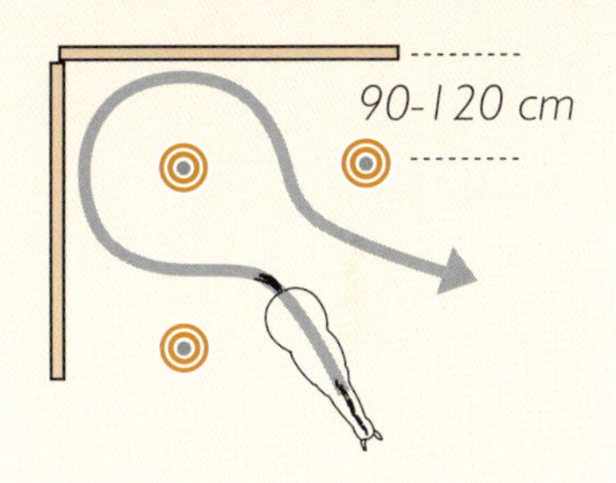

Pausen einlegen und auch getrost innerhalb eines Hindernisses dem Pferd eine Ruhephase gönnen. Eine kurze Rast innerhalb des Hindernisses stellt außerdem sicher, dass Ihr Pferd Ihre Hilfen nicht vorwegnimmt und selbstständig das Ende sucht. Dies würde unweigerlich zu Fehlern führen. Das »Schritt-für-Schritt-Reiten« sollte immer oberstes Gebot sein.

Haben Sie nach Wochen des Übens ein relaxtes, langsam rückwärts tretendes und gut an den Hilfen stehendes Pferd, sollten Sie unbedingt noch etwas für die Manier tun. Es macht einen guten Eindruck und bringt zusätzliche Punkte, wenn Ihr Pferd mit waagerechtem Hals (Headdown) die Rückwärts-Hindernisse absolviert. Je besser Ihr Pferd auf Schenkelhilfe rückwärts tritt, umso eher können Sie diese gute Manier erreichen. Übermäßiges Zügelziehen ist dafür nur abträglich.

Schlüsselloch

Ein sehr beliebtes und von Parcoursbauern häufig ausgewähltes Hindernis ist eine aus 6 Pylonen bestehende horizontale Pyramide, das so genannte Schlüsselloch. Die

Anfangslinie dieser »dreistufigen« Pyramide besteht aus 3 Pylonen mit einem Abstand von einem Meter. Die zweite Linie, mit einem Abstand von 2–3 Metern zur ersten, besteht aus 2 Pylonen. Die dritte Linie beinhaltet nur noch einen Pylon. Insgesamt ergibt dies also ein Dreieck (siehe Zeichnung rechts). Die Rückwärtssteuerung beginnt an der Linie der 3 Pylone, geht durch die Linie der 2 Pylone, führt um den einzelnen Pylon und wieder zurück durch die Zweierlinie und die beiden anderen Pylone der Dreierlinie. Zwischen welchen beiden Pylonen der Startlinie begonnen werden muss, ist immer aus der Zeichnung einer Prüfung erkennbar. Der dann folgende Ablauf ist meist nicht angegeben, muss

Ihnen also bekannt sein. Sie sollten sich deshalb unbedingt einprägen, dass der einzeln stehende Pylon immer zuerst von der Seite umrundet werden muss, die der Einstiegsseite auf der ersten Linie ent-

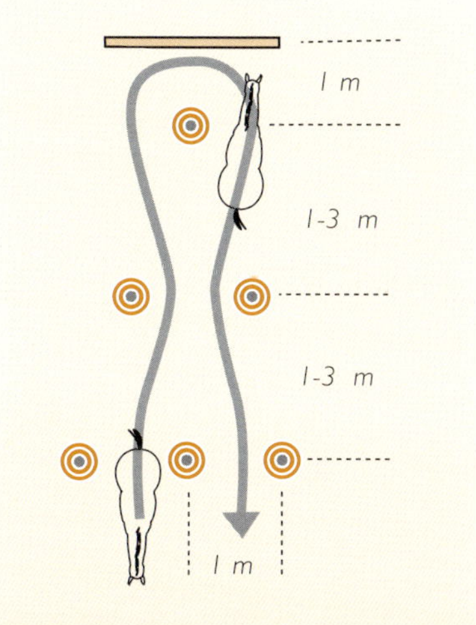

spricht. Weiterhin müssen Sie daran denken, dass Sie auf dem Rückweg zwischen den beiden anderen Pylonen der Dreierlinie hindurchsteuern.

Wie schon einmal erwähnt, ist es keine gute Manier des Reiters, wenn ein rückwärts blickender Kopf in einem Hindernis ständig die Seite wechselt. Beim Schlüsselloch ist die Wahl der richtigen Blickseite zusätzlich eine Hilfe für den korrekten Weg des Pferdes. Egal auf welcher Seite der Dreierlinie Sie beginnen müssen, schauen Sie immer zur Mitte des Hindernisses zurück und behalten diese Blickseite bei. Auf diese Weise sehen Sie den mittleren Pylon der Dreierlinie und den einzelnen der Dritten Linie. Wenn Sie diese beiden Pylone immer mit Ihrem Blick erreichen können, ohne Ihren Kopf zur anderen Seite zu drehen, beschreiben Sie auch den richtigen Weg.

Im Training empfiehlt es sich wieder mal, das Hindernis langsam Schritt für Schritt zu durchreiten, weil Ihr Pferd hinten nichts sehen kann und Ihnen blind vertrauen muss.

In manchen Prüfungen liegt als zusätzliche Erschwernis noch eine

Stange im Abstand von einem Meter hinter dem einzelnen Pylon. Dies zwingt Sie, möglichst eng um diesen Pylon zu steuern.

Sidepass

Das wohl einfachste Hindernis für einen Sidepass besteht lediglich aus einer Stange. Zur Erschwernis kann am Anfang und am Ende einer Stange je ein Pylon aufgestellt sein. Weiterhin können sich an der Stange mehrere Luftballons befin-

den, die den Vertrauensstand des Pferdes verdeutlichen sollen. Auch muss es sich bei dem Hindernis nicht um die übliche Stange handeln; viel mehr kann gefordert sein, eine Reihe Strohballen im Sidepass zu überwinden. Zwei Stangen können in Form eines »L« oder eines »V« gelegt sein, so dass zusätzlich eine Hinterhand- oder Vorhandwendung erforderlich wird. Selbstverständlich haben Sie im Rahmen der Bodenarbeit Ihr Pferd an alle

diese Möglichkeiten gewöhnt. Um das Pferd zum Seitwärtstreten aufzufordern, verlagern sie Ihr Gewicht auf die der Richtung entgegengesetzte Seite (siehe Seite 68 ff). Der treibende äußere Schenkel, eine Handbreit hinter dem Gurt, ist für die Hinterhand zuständig. Denken Sie immer daran, dass nicht der permanente Druck erwünscht ist, sondern der impulsartige Druck. Weicht das Pferd diesem Druck, muss er sofort aufhören, um für

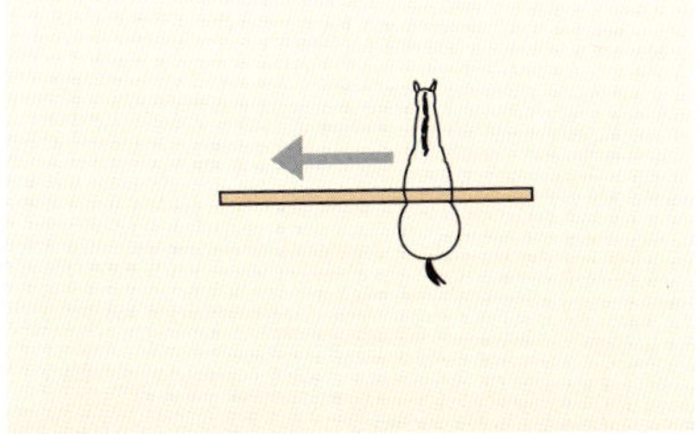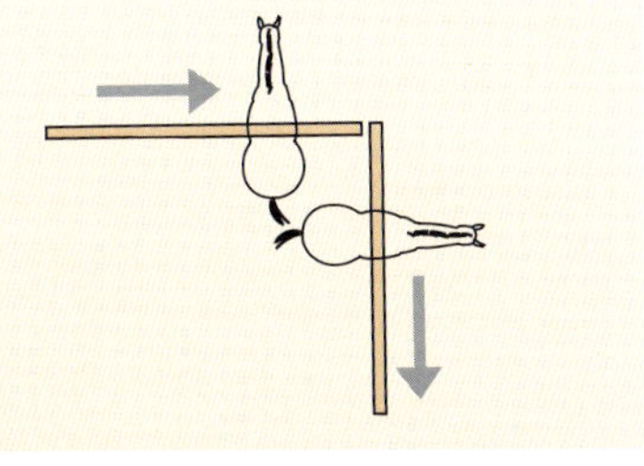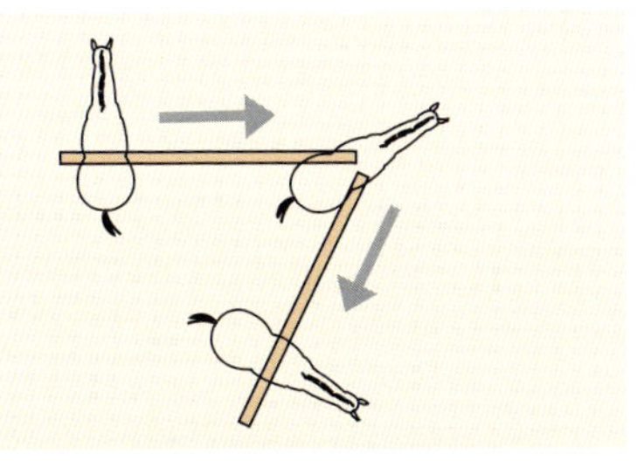

Notwendigkeit der Schrägstellung des Pferdes sei noch einmal hingewiesen. Nur so ist das Pferd in der Lage, mit dem nachfolgenden Bein vorzukreuzen.

Da Sie anfänglich immer wieder leichte Vorwärts- oder Rückwärtstendenzen während des Sidepasses beobachten werden, ist es wichtig, diese schnell genug zu unterbinden. Auch sollten Sie sich während Ihrer Übungen die genaue Lage der Vorhand merken, sodass das bloße Herabsehen an der Pferdeseite genügt, um die Position der Hufe zu erkennen. Ein extremes Vorbeugen hierfür macht nur einen unsicheren Eindruck.

Den Beginn des Sidepass verlegen Sie ca. einen halben Meter vor den

den nächsten Schritt wieder einzusetzen.

Für das Seitwärtstreten der Vorhand ist nur der Zügel zuständig (Neckreining). Die richtige Abstimmung von Schenkel- und Zügelhilfen sorgt nicht nur für gleichzeitiges Seitwärtstreten von Vor- und Hinterhand, sondern garantiert auch den Beibehalt der Linie. Auf die

Anfang der Stange. Auch am Ende verlängern Sie gedanklich etwas die Linie, damit Sie die meist notwendige Wendung fehlerfrei ausführen können.

Haben Sie ein »L« oder ein »V« zu überwinden, muss je nach Richtung des Sidepasses die Vorhand oder die Hinterhand in dem Winkel stehen bleiben, während die entsprechend andere Hand einen Kreisbogen zu beschreiben hat. Es handelt sich also um eine Vorhand- oder eine Hinterhandwendung. Damit ist der eigentliche Sidepass unterbrochen. Das bedeutet, dass die den Kreisbogen beschreibende Hand möglichst nicht vorkreuzen darf. Die Hufe sollen »step by step« nebeneinander gestellt werden. Besonders wichtig ist dies, wenn

die Hinterhand den Kreisbogen ausführen muss. Ein Vorkreuzen der Hinterhand führt sehr oft zu einer Berührung der Stangen. Führen Sie deshalb die Wendung in der Ecke langsam und vorsichtig aus. Steht die Vorhand in dem Winkel, kommt der die Schulter begrenzende Zügel zum Einsatz, damit die Vorhand sich nicht bewegt. Steht die Hinterhand in der Ecke, muss der begrenzende Schenkel ein Mittreten verhindern. Nach Vollendung des Kreisbogens setzt wieder der Sidepass ein. Stellen Sie Ihr Pferd wieder schräg in die Bewegungsrichtung, damit die

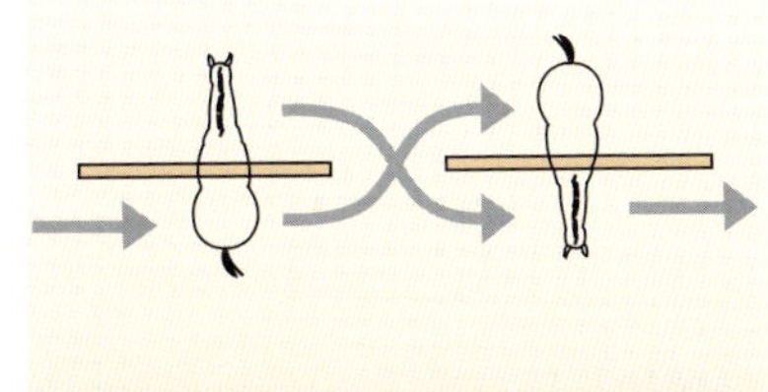

nachfolgenden Beine vorkreuzen können.

Ein zumindest in höheren Klassen häufiger gefordertes Hindernis stellt nachfolgende Zeichnung dar. Die Aufgabe besteht darin, nach dem Rechts-Pass mit Vorhand und Hinterhand durch die Lücke die Seite zu wechseln und mit Links-Pass die Übung zu beenden. Dabei ist meistens nicht vorgeschrieben, welche Hand zuerst durch die Lücke wandern soll. Zwischen dem anfänglichen Sidepass und dem am Ende sind also eine Hinterhand- und eine Vorhandwendung notwendig. Der Abstand zwischen den Stangen beträgt 45 cm.

Es ist empfehlenswert, nach dem Rechts-Pass zuerst mit der Vorhand durch die Lücke zu treten. Wegen

durch die Lücke auf die andere Seite treten. Zum Abschluss folgt der Sidepass nach links.

Dieses Hindernis hat einen hohen Schwierigkeitsgrad und erfordert eine genaue Feinabstimmung der treibenden und verwahrenden Hilfen. Diese ist nur durch häufiges Üben zu erreichen. Der häufigste Fehler, der auf Turnieren beobachtet werden kann, ist der, dass die Reiter ihre Pferde vorwärts oder rückwärts durch die Lücke steuern. Gefordert sind hier aber exakte Wendungen.

Side-Engpass

Ein noch schwieriges Hindernis ist der so genannte Engpass. Hierbei liegen zwei Stangen parallel in einem Abstand von lediglich 45 cm.

des geringen Abstands der Stangen darf das Pferd dabei **nicht** vorkreuzen. Sobald beide Hufe die andere Seite erreicht haben, halten Sie an, sodass der Pferdekörper parallel zu den Stangen steht. Danach gehen Sie eng an den Stangen so weit vorwärts, bis sich die Hinterhufe mittig neben der Lücke befinden. Notwendig ist jetzt eine Vorhandwendung rechts, wobei die Hinterhufe ohne vorzukreuzen langsam

Diese Gasse ist mit der Vorhand oder auch mit der Hinterhand im Sidepass zu durchtreten.

Auf Grund des geringen Abstandes der Stangen zueinander versteht es sich von selbst, dass die Hufe mit kleinen Schritten nur nebeneinander gesetzt werden dürfen. Ein Überkreuzen führt unweigerlich zu einer Berührung einer Stange. Liegen die Stangen womöglich noch auf Klötzen, wird der Fehler durch Hinüberrollen der Stange deutlich sichtbar.

Im Training sollten Sie den Engpass zunächst mit einer Distanz von 60 cm legen und so lange üben, bis Ihr Pferd gelernt hat, auf einer Länge von 3 Metern die Hufe nebeneinander zu setzen. Üben Sie das Ganze langsam Schritt für Schritt.

Stangen-T

Auch beim Stangen-T handelt es sich um ein Hindernis, bei dem Seitengänge und Wendungen zu kombinieren sind. Es besteht aus 3 mindestens 2,50 m langen Stangen, die T-förmig so gelegt werden, dass zwischen den Enden im Zentrum des T ein Abstand von jeweils 45 cm besteht (siehe unten).

Alle 3 Stangen müssen im Sidepass überwunden werden. Begonnen wird immer an einer der beiden in einer Linie liegenden Stangen. Die Hand, die das Pferd über die im rechten Winkel liegende Stange bringt, tritt durch die Lücken. Über diese zweite Stange erfolgt der Sidepass bis zum Ende. Nach kurzem Verharren reiten Sie den Sidepass bis zum Ende. Nach kurzem Verharren reiten Sie den Side-

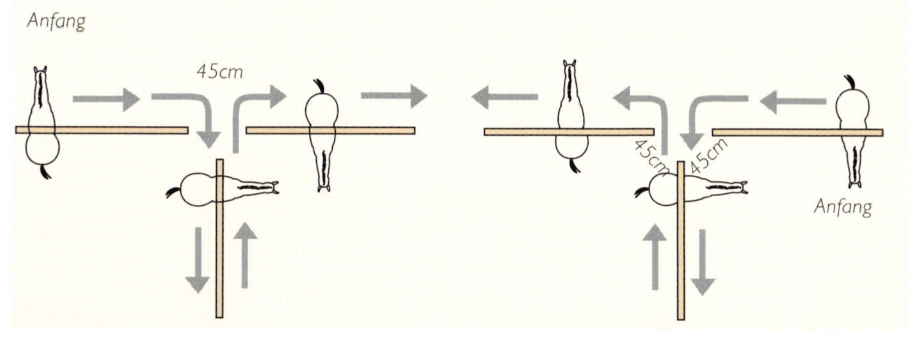

pass über die gleiche Stange zurück und die entsprechende Pferdehand bringt das Pferd durch die Lücken über die dritte Stange.

Die in den verschiedenen Regelbüchern abgedruckten Beschreibungen bezüglich der Reihenfolge sind zwar richtig, aber sehr schwer zu behalten. Es ist deshalb einfacher, sich folgenden Grundsatz zu merken: Egal an welcher Seite der beiden in einer Linie liegenden

Sir Cocky Patrick steht während einer Prüfung vorbildlich mit geschlossener Hinterhand und hat soeben mit kleinen Sidesteps den größten Teil der Lücke passiert. Deutlich erkennbar ist der vorsichtig anliegende linke Zügel und das Gewicht des Reiters im linken Steigbügel, damit der nächste Schritt mit den rechten Bein erfolgt.

Stangen Sie beginnen müssen, »der erste Sidepass geht immer nach rechts«.

Die im Zentrum des T erforderlichen Wendungen sind nicht einfach, weil die entsprechende Hand gleich durch zwei Lücken hindurchtreten muss. Die Hufe müssen nebeneinander gesetzt werden und sollten

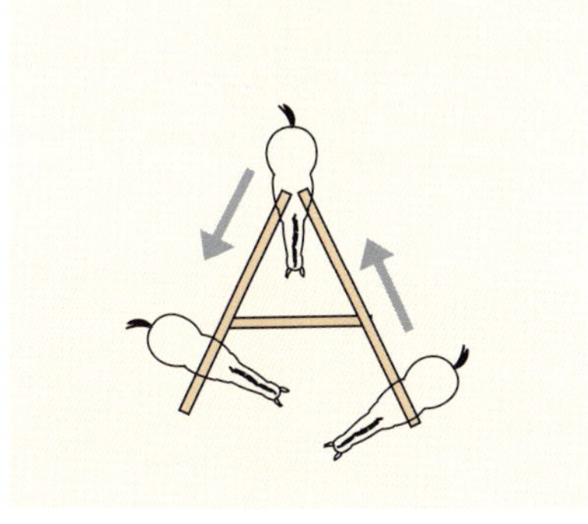

nicht überkreuzen. Extrem vorsichtige Hilfen, verwahrend oder treibend, sind genauso wichtig wie die Kenntnis des Reiters über den Standpunkt der Hufe.

In der Übungsphase sollten Sie den Abstand der Stangen so lange etwas großzügiger wählen, bis Ihr Pferd genügend Sicherheit und Vertrauen erlangt hat. Vor dem Richtungswechsel des Sidepass bei der zweiten Stange und am Ende des Hindernisses sollten Sie eine kleine Pause einlegen.

Stangen-A

Eine sehr schwere Übung ist der Sidepass über ein Stangen-A (Abb. links). Auf Turnieren ist dieses Hindernis selten anzutreffen. Es bietet jedoch eine gute Möglichkeit, Ihre

Hilfen zu verfeinern und die Reaktion des Pferdes zu testen.

Die Schwierigkeit besteht darin, dass neben dem Sidepass und der engen Vorhandwendung in der Spitze des A zwischendurch beide Vorderbeine über die querliegende Stange gehoben werden müssen. Damit Ihr Pferd dies ohne Berührung der Querstange korrekt ausführen kann, ist primär der Reiter gefordert. Es ist unbedingt erforderlich, dass beide Hufe des Pferdes sehr nahe vor der Querstange stehen und die Linie des Pferdekörpers einen spitzen Winkel zur Sidepass-Stange bildet.

Das anschließende Übertreten sollte zuerst mit dem **rechten** Bein (bei Sidepass rechts) und in einer Vorwärts-Seitwärts-Bewegung

erfolgen. In einer Seitwärtsbewegung mit Vorwärtstendenz fällt es dem Pferd viel leichter, die Hufe hochzuheben.

Damit das Pferd mit dem rechten Bein beginnt, müssen Sie Ihr Gewicht deutlich auf den linken Fuß verlegen. Sobald der rechte Fuß übergesetzt hat, wechseln Sie Ihr Gewicht nach rechts, damit der linke Fuß entlastet und auch genügend hoch gehoben werden kann. Nach der Vorhandwendung in der Spitze des A müssen Sie beim Sidepass über dem anderen Schenkel des A das Gleiche noch einmal exerzieren.

Sind Sie bitte nicht enttäuscht, wenn Ihnen diese Übung nicht gelingt. Nicht nur Sie müssen sich an den Ablauf der Hilfen gewöhnen, auch Ihr Pferd muss erst lernen und verstehen.

Rahmen

Hierbei handelt es sich um ein kleines Quadrat mit einer inneren Seitenlänge von 50 cm (Abb. S.118) Dieses Hindernis können Sie mit 4 entsprechend langen Kanthölzern zusammenlegen oder jeweils 2 fest verbinden zu einem L oder auch einen kompletten festen Rahmen basteln. Dic Kanthölzer sollten aus

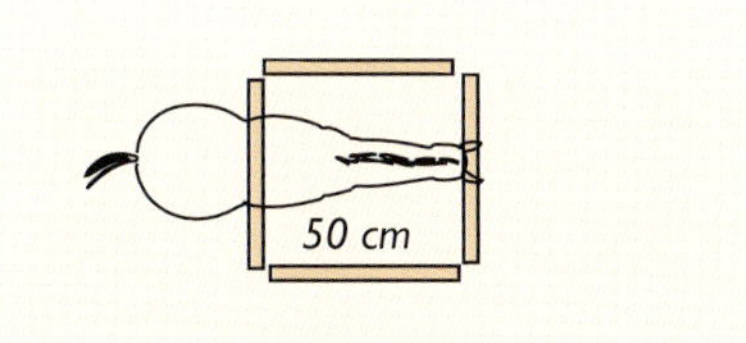

Sicherheitsgründen mindestens 8 cm stark sein.

Die Aufgabe besteht darin, dass beide Vorderhufe in den Rahmen treten sollten, dort verbleiben und eine Vorhandwendung von 360° durchzuführen ist. Danach ist gerade aus dem Hindernis zu treten. Auch diese Übung gehört ohne Zweifel zu den schwierigsten. Versuchen Sie anfänglich erst einmal Ihr Pferd dazu zu bewegen, mit beiden Füßen in den Rahmen zu treten und darin stehen zu bleiben. Sobald sich der erste Huf im Rahmen befindet, müssen sie die Bewegung abstoppen und lediglich Ihr Pferd animieren, den zweiten Huf daneben zu setzen. Schon das alleine kann erhebliche Probleme bereiten. Weigert sich Ihr Pferd, über-

haupt in den ja engen Rahmen hineinzutreten oder will es darin nicht stehen bleiben, so fehlt es an dem notwendigen Vertrauen. Bleiben Sie ganz ruhig und versuchen Sie es von Neuem. Sie können auch absteigen und vom Boden aus Ihr Pferd daran gewöhnen. Erst wenn Ihr Pferd gelassen in den Rahmen tritt, der Stopp gelungen ist und der zweite Huf daneben gesetzt wird sowie Ihr Pferd ruhig darin stehen bleibt, können sie beginnen, ganz langsam die Vorhandwendung einzuleiten. Hat sich die Hinterhand mit ein oder zwei Schritten auf dem Kreisbogen bewegt, halten Sie mit der Hilfengebung inne. So soll das Pferd lernen, die Drehung ganz langsam auszuführen. Auch muss es zwangsläufig seine Vorderhufe wie-

der nebeneinanderstellen, ohne dabei aus dem Rahmen zu treten. Sollte eine Vierteldrehung gelungen sein, ist es besser, die Übung abzubrechen, bevor Unruhe auftritt. Beim nächsten Versuch dürfen es dann einige Drehgrade mehr sein. Entscheidend ist, dass Vorwärts- oder Rückwärtstendenzen unterbunden werden und Ihr Pferd versteht, dass die Vorderhufe im Rahmen bleiben müssen. Wenn Sie selber ruhig bleiben und extrem vorsichtige Hilfen geben sowie Pausen einlegen, helfen Sie Ihrem Pferd, Vertrauen zu gewinnen und zu verstehen. Wenn Sie die Übung beenden wollen, egal ob anfänglich nach 90°, 180° oder letztlich nach einer 360°-Drehung, reiten Sie gerade aus dem Hindernis heraus. Dabei muss ein Hinterhuf in den Rahmen treten. Bei einer besonders schwierigen Trail-Pattern kann am Schluss dieser Übung gefordert sein, dass beide Hinterhufe in den Rahmen treten müssen. Da bei normalem Hinausreiten lediglich ein Huf in den Rahmen treten wird, macht diese Forderung einen Stopp notwendig, sobald eine Vorhand hinausgetreten ist und die zweite Vorhand abhebt. Eine Hinterhand befindet sich dann im Rahmen und die zweite darf nur danebenstellen und nicht übertreten. Auch das erreichen Sie nur nach mehrfachen Versuchen.

Kreis um Tonne

Tonnen sind in Trail-Parcours ein beliebtes Hilfsmittel. Über die Not-

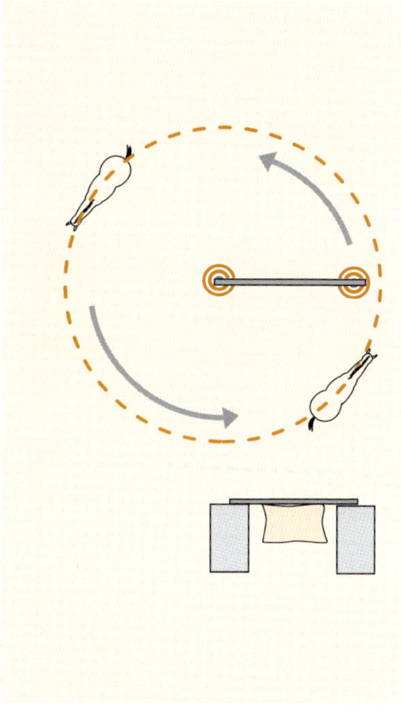

wendigkeit, Gegenstände von einer zur anderen Tonne überzusetzen oder zu transportieren, wurde schon gesprochen (ab S. 80).

Eine sehr beliebte Aufgabe besteht darin, eine Stange, an der eventuell noch eine Fahne befestigt ist, anzuheben und um eine Tonne zu drehen. Dies kann im Schritt aber auch im Trab gefordert sein. Sich zu Übungszwecken ein solches Hindernis selber anzufertigen, bedarf keines großen Aufwandes. Es genügt eine Dachlatte, an der Sie ein Stück Stoff oder Plane befestigen. Das äußere Erscheinungsbild dieser Fahne oder Plane sollten Sie hin und wieder verändern, da Sie nicht wissen, was in einer Prüfung an der Latte hängt.

Wenn Sie die Vertrauensübungen (ab Seite 6) ernst genommen haben, wird Ihr Pferd auch keine Scheu bei diesem Hindernis zeigen. Reiten Sie seitlich an die Tonne heran, von der Sie die Stange abheben müssen. Ihr Pferd muss dabei ruhig stehen bleiben. Reiten Sie sodann im Schritt einen Kreisbogen, dessen Radius der Länge der Stange entspricht. Dabei muss das andere Ende der Stange auf der zweiten Tonne liegen bleiben. Sehr wichtig, ist, dass Sie die Hand mit der Stange vor Ihren Körper halten. Nur so können Sie etwaige Unregelmäßigkeiten im Kreisbogen ausgleichen, damit die Stange nicht von der Tonne fällt. Sind Sie nach Vollendung des Kreisbogens wieder an der ersten Tonne angelangt, legen Sie nach dem Stopp die Stange ab. Sollte Ihr Pferd wider Erwarten doch vor der Fahne oder Plane scheuen, vor allem bei Windeinwirkung, so gehen Sie unbedingt zur Bodenarbeit zurück. Die gleiche Übung, das Pferd an der Hand geführt, ermöglicht Ihnen, beruhigend auf Ihr Pferd einzuwirken, die Fahne beschnuppern zu lassen und Vertrauen gewinnen zu lassen. Erst wenn im Sattel sitzend und im Schritt keinerlei Probleme bestehen, versuchen Sie die Übung im Trab. Da Sie hierbei einhändig reiten, muss Ihr Pferd gut an den Hilfen stehen (Neckreining!) und der korrekte Kreisbogen muss beibehalten werden. Die Reiter mit einhändiger Zügelführung müssen sich beim Studium der Pattern und

somit vor Betreten der Arena genau überlegt haben, mit welcher Hand sie den Parcours reiten. An dem Hindernis selber ist **kein** Handwechsel erlaubt! Da nicht nur die Pferde, sondern auch die Reiter eine so genannte gute und schlechte Hand haben, sollten Sie im Training

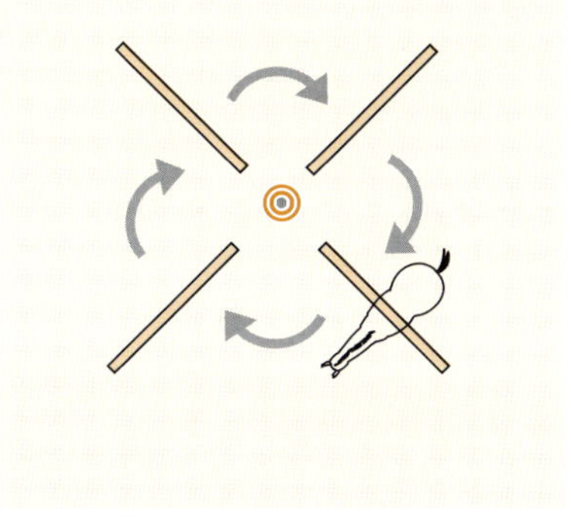

das Hindernis in beiden Richtungen üben.

Ein weiteres Hindernis, bei der die Tonne eine wenn auch untergeordnete Rolle spielen kann, ist der Trab oder Galopp im Kreisbogen über Stangen.
Auch wenn die Trabvariante bei diesem Hindernis die geringeren Probleme aufwerfen wird, empfiehlt es sich, dies hin und wieder zu üben. Das Pferd soll daran gewöhnt werden, die Stangen aufmerksam zu betrachten und ordentlich die Füße zu heben.
Das Hindernis jedoch im Galopp korrekt zu bewältigen, ist schon als schwer zu bezeichnen. Wenn die Stangen eine Länge von 3 Metern haben und der Zwischenraum in

der Mitte wegen der Tonne ca. 1m
beträgt, handelt es sich schließlich
um eine Galopp-Volte von ca. 7m.
Da dabei auch noch die Stangen
überwunden werden müssen, bedarf es schon eines sehr gut trai-
nierten und an den Hilfen stehenden Pferdes. Die Praxis zeigt, dass
in den Prüfungen nur die wenigsten
Reiter damit zurechtkommen. Sie
sollten also mit einer solchen
Aufgabe rechnen und sich nicht
überraschen lassen. Von der Größe
und Galoppade Ihres Pferdes hängt
es ab, ob Sie einen engeren oder
weiteren Bogen trainieren.

Wassergraben

Aus technischen Gründen werden
Sie nicht häufig in einer Prüfung
einen Wassergraben antreffen.

Da Sie ihn aber doch hin und wieder vorfinden, zeigt es sich sehr
deutlich, ob Sie den Empfehlungen
im Rahmen der Bodenarbeit Folge
geleistet haben. Ein Pferd, das nicht
im Training sowohl an der Hand als

auch aus dem Sattel daran gewöhnt
worden ist, wird in einer Prüfung
nicht durch ein fremdes Wasser
gehen.

Hat es ein gefestigtes Vertrauen
zum Wasser, so werden Sie sich um

die Manier kaum Sorgen machen müssen. Ein fremdes Wasser wird Ihr Pferd immer verleiten, den Kopf prüfend nach unten zu nehmen. Die Ausführungen ab Seite 38 sind deshalb für Ihr Training sehr wichtig. Wo immer Sie bei Ausritten die Gelegenheit haben, Ihr Pferd durchs Wasser zu reiten, sollten Sie dies unbedingt auch tun.

Tor

Wie kein anderes Hindernis verlangt das Tor sowohl Reiter als auch Pferd eine Reihe von Besonderheiten ab und ist deshalb mit keiner anderen Trail-Aufgabe vergleichbar. Da es im Turnier ein Pflichthindernis darstellt, bedarf es besonderer Aufmerksamkeit. Die meisten Prüfungen beginnen oder enden mit dem Tor, sodass hier mit hoher Punktzahl ein solider Grundstein gelegt werden kann bzw. am Ende mit einer korrekten Vorstellung noch eine gute Aufholmöglichkeit besteht.

Voraussetzung für das exakte Durchreiten des Tores ist ein vertrauensvolles und gut an den Hilfen stehendes Pferd, das Vorhand- und Hinterhandwendungen beherrscht und die Bedeutung des Neckreining-Zügels kennt. Da jedoch Teamarbeit gefordert ist, muss auch der Reiter mit der Technik und den Besonderheiten vertraut sein. Sehr häufig wird das Training am Tor vernachlässigt, weil entweder die Bedeutung und Schwierigkeit unterschätzt wird, oder weil ein Übungsobjekt nicht vorhanden ist.

Auch wird sehr oft übersehen, dass es 8 verschiedene Möglichkeiten gibt, ein Tor zu durchreiten. Diese hängen ab von der Öffnungsrichtung, von der öffnenden Hand (ob rechts oder links), und davon, ob vorwärts oder rückwärts zu durchreiten ist. Es ist nicht das Gleiche, ob Sie den Torflügel wegschieben oder heranziehen müssen. Der Bewegungsablauf und die Reihenfolge der Hilfen sind unterschiedlich. Rechtshändern kann es anfänglich schwer fallen, mit links die Zügel zu führen. Nicht zuletzt fällt es Ihrem Pferd schwerer, das Tor rückwärts zu durchreiten als, wie gewohnt, vorwärts. Es ist deshalb sehr empfehlenswert, alle Varianten durchzuspielen.

Oberstes Ziel ist es bekanntlich,

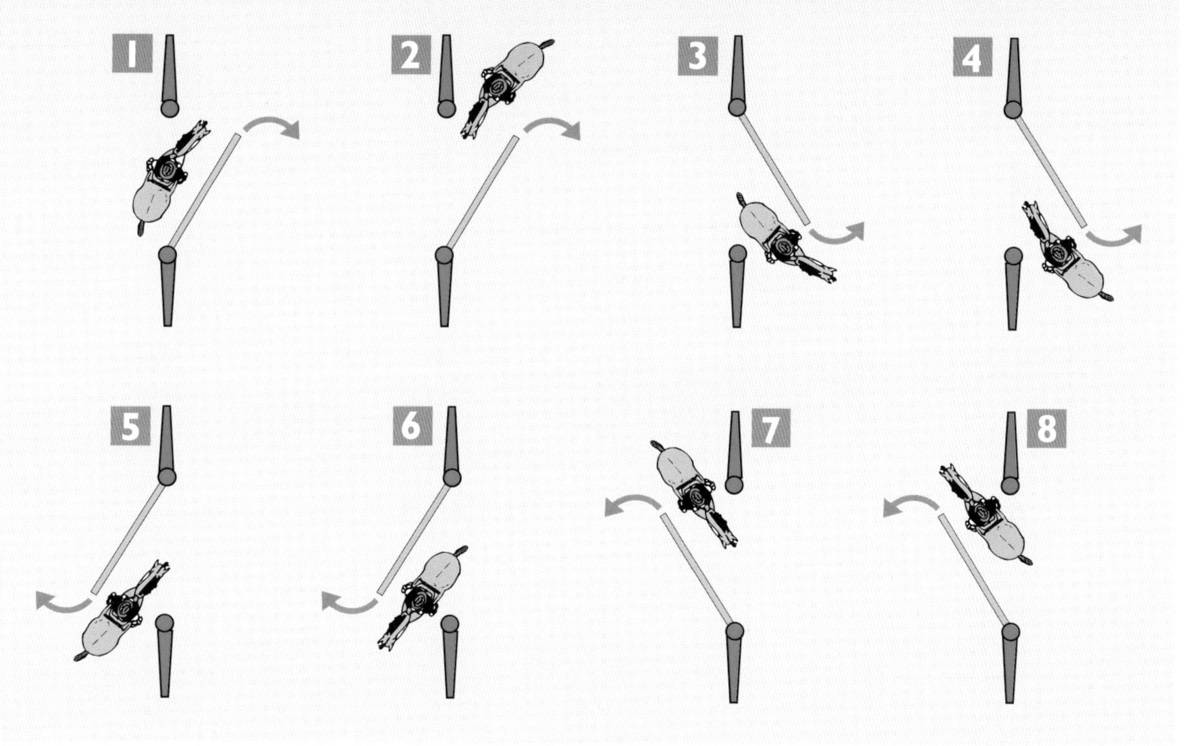

das Tor so zu durchreiten, dass die durch das Öffnen des Torflügels entstehende Lücke stets durch den Pferdekörper abgedeckt wird. Ich bin nicht der gelegentlich auch in der Fachliteratur, geäußerten Ansicht, dass dies bei den 4 Varianten, bei denen der Flügel zum Reiter gezogen werden muss, nicht möglich sei. Bei allen 8 Varianten ist dies sehr wohl machbar; es ist nur etwas schwieriger.

Bei der Bodenarbeit (siehe Seite 48 ff.) haben Sie Ihr Pferd an den sich bewegenden Torflügel gewöhnt und es vorwärts sowie rückwärts durch das Tor geführt. Es hat demnach Vertrauen in das ganze Hindernis und den sich in beide Richtungen zu bewegenden Torflügel gewon-

nen. Sie haben auch darauf geachtet, dass zumindest anfänglich der Pferdekörper weder Tor noch Torflügel berührt.

Beginnen Sie Ihre Versuche mit der einfacheren Methode, d.h. das Tor vorwärts zu durchreiten bei Wegschieben des Torflügels. Reiten Sie

in einem Bogen so auf das Tor zu, dass das Pferd schon parallel zum Tor dieses erreicht und mit der Schulter auf Höhe des Riegels zum Halten kommt. Auf diese Weise ersparen Sie sich jegliche Drehung oder Wendung des Pferdes, bevor die eigentliche Aufgabe beginnt. Es ist auch nicht einsehbar, warum man sich vorwärts-seitwärts dem Tor nähern soll, wie es manchmal empfohlen wird. Niemand würde sich in der Praxis zu Pferd so einem Tor nähern. Ich bin im Gegenteil der Ansicht, dass ein Sidepass während der gesamten Aufgabe am Tor vermieden werden sollte.

Befindet sich das Tor links neben Ihnen und Ihrem Pferd, müssen Sie mit der linken Hand die Verriegelung des Tores öffnen und mit der rechten Hand die Zügel führen. Reiten Sie beidhändig, müssen Sie die Zügelbrücke aufgeben und die Zügel verkürzen. Reiten Sie einhändig mit der linken Hand, ist ein Handwechsel notwendig, weil Sie diese Hand zum Öffnen der Verriegelung benötigen. Nehmen Sie die Zügel in die rechte Hand und lassen beide Zügelenden auf der rechten Seite des Pferdes herabhängen. Der Handwechsel ist am Tor erlaubt und sollte für den Richter deutlich sichtbar vollzogen werden. Erst wenn der Wechsel der Zügelhand abgeschlossen ist, greifen Sie mit der linken Hand zur Verriegelung, um diese zu öffnen. Sobald die Hand das Tor berührt hat, darf der Torflügel nicht mehr losgelassen werden. Richten Sie nunmehr Ihr Pferd so weit rückwärts, dass sich sein Kopf in Höhe des Torflügel-Endes befindet. Ihre linke Hand ist dabei auf dem Torflügel zurückgeglitten, ohne ihn loszulassen. Mit der linken Hand öffnen Sie langsam das Tor und fordern gleichzeitig vom Pferd eine kleine Hinterhandwendung nach links, um so die entstehende Lücke sofort mit dem Pferdekörper zu schließen. Ist das Tor so weit geöffnet, dass die Lücke der Breite Ihres Pferdes zuzüglich Ihrer Schenkel entspricht, reiten Sie langsam vorwärts, ohne dass Ihre Schenkel oder das Pferd das Tor berühren. Ihre linke Hand gleitet gleichzeitig auf dem Torflügel mit in Richtung Riegel.

Reiten Sie nur so weit nach vorne, dass Sie mit einer winzigen Vorhandwendung links die Hinterhand durch die Öffnung treten lassen. Dieser kleine Seitschritt der Hinterhand nach rechts ermöglicht es Ihnen, den Torflügel schnell, an Ihrem linken Schenkel vorbei, zurückzuziehen und die Lücke somit schon zur Hälfte zu schließen. Die nun folgende Hinterhandwendung nach links gewährleistet das ständige Abdecken der Lücke durch den Pferdekörper. Erst wenn das Pferd parallel und ruhig neben dem Torflügel steht – jetzt mit dem Kopf in Richtung Torangel –, verschließen Sie den Riegel. War zu Beginn ein Handwechsel erforderlich, so muss jetzt das Zurückwechseln der Zügel in die ursprüngliche Zügelhand (oder

in die beidhändige Zügelführung)
erfolgen. Erst danach ist die Aufgabe beendet.

Entsprechend kann man das Tor
auch nach rechts durchreiten. Entscheidend sind die minimalen Vorhand- und Hinterhandwendungen,
die als einzige Richtungsänderungen
zu den Vorwärts- und Rückwärtsbewegungen dazu kommen. Jeglicher
Sidepass sollte vermieden werden.
Der verwahrende Schenkel bei den
Hinterhandwendungen muss das
Entstehen von größeren Lücken
verhindern.

Bei Trail-Prüfungen ist öfters vorgeschrieben, das Tor rückwärts zu
absolvieren. Darum ist es wichtig,
auch diese Variante zu trainieren.
Reiten Sie auch hier das Tor im
Bogen an und bringen das Pferd

sogleich parallel zum Tor, nur diesmal mit dem Kopf zu den Torangeln. Halten Sie so an, dass Sie bequem den Riegel öffnen können.
Da die Hinterhand zuerst in die
Öffnung treten muss, reiten Sie zunächst so weit vorwärts, dass die
Hinterhand gerade genügend Freiraum hat, um seitwärts in die Öffnung zu treten (Vorhandwendung).
Bei dem dann folgenden Rückwärtsrichten halten Sie den Torflügel möglichst eng am Pferd. Mit der
abschließenden Vorhandwendung
bringen Sie Ihr Pferd wieder parallel zum Tor und können den Riegel
schließen.

Einer der häufigsten Fehler bei der
Bewältigung des Tores wird gleich
zu Anfang gemacht. Wenn der Reiter nach dem Riegel greift, beugt er

sich hinunter, verlagert dabei sein
Gewicht zu sehr und drückt mit
dem zum Tor zugewandten Schenkel gegen das Pferd. Dadurch wird
das Pferd vom Tor weggedrückt.
Eine eventuelle falsche Zügelhilfe
bewirkt dann endgültig, dass das
Pferd vom Tor wegdriftet. Ist das
Tor schon entriegelt, kann der Reiter den Torflügel dann nur noch
festhalten und somit zu sich heranziehen. Unsichere Pferde werden
dann erst recht ausweichen. Darum
muss der Reiter bewusst daran
denken, dass der äußere Schenkel
stets am Pferd bleibt. Dies gilt auch
bei der Hinterhandwendung im Tor.
Es bedarf schon einiger Übung, bis
alle Hilfen in »Fleisch und Blut«
übergegangen sind. Öffnen, Durchreiten und Schließen des Tores soll-

ten Sie deshalb ganz langsam und Schritt für Schritt trainieren.

Ground-tie

Weil das Ground-tie den absoluten Gehorsam des Pferdes erfordert, ist diese Aufgabe recht häufig auf Turnieren zu finden. Die Parcoursbauer lassen sich auch nicht selten spezielle Besonderheiten einfallen, wie Ground-tie im Quadrat, auf einer Plane, neben einer Schubkarre mit Heu oder zwischen Tonnen und Pflanzenkübeln, ja sogar neben einem Eimer mit Hafer. (Man kann es natürlich auch übertreiben.) Durch Ihre Bodenarbeit (Seite 51 ff) weiß Ihr Pferd natürlich, was es zu tun hat bzw. nicht tun darf. Aber auch der Reiter muss wissen, wie er die Aufgabe angeht. Achten Sie

als erstes darauf, wo genau nach der Pattern das Ground-tie gefordert ist. Diesen Punkt sollten Sie sehr ernst nehmen.

Nachdem Sie abgestiegen sind, korrigieren Sie wenn nötig die Beinstellung Ihres Pferdes (square stehen!). Legen Sie das Ende des linken Zügels möglichst weit weg vom Pferd auf den Boden. Bei einem direkt vor den Hufen liegenden Zügel könnte das Pferd mit einem kleinen Schritt darauf treten und nach Anheben des Kopfes einen Zug im Maul erhalten. Die Folge dürfte Ihnen klar sein. Den rechten Zügel wickeln Sie im Training um das Sattelhorn, um die Fresshaltung zu verhindern. In der Prüfung legen Sie den rechten Zügel ca. zwei

Handbreit vor dem Sattel über den Pferdehals. Ein deutliches, in der Prüfung leises »Whoa« erinnert Ihr Pferd daran, ruhig stehen zu bleiben. Zur Bekräftigung des Kommandos »Whoa« nochmals am Zügel zu zupfen, sollten Sie sich abgewöhnen. Dies erreicht beim Richter den Eindruck von Unsicherheit. Wenn Sie sich für den Kreisbogen vom Pferd abwenden, gehen Sie immer nach hinten bzw. zur Seite weg. Dies vermindert die Gefahr, dass das Pferd Ihnen nachlaufen will. Der zu gehende Kreis sollte auch wirklich ein Kreis sein. Eine Abkürzung nach vielleicht 240 Grad verrät dem Richter nur, dass Sie sich nicht sicher sind, ob Ihr Pferd auch wirklich stehen bleibt. Natürlich ist eine Abkürzung immer

sinnvoll, wenn Sie Ihrem Pferd ansehen, dass es sich in der nächsten Sekunde bewegen wird.

Beobachten Sie deshalb Ihr Pferd aus dem Augenwinkel, aber schauen Sie es nicht ständig direkt an. Auch das zeugt von Unsicherheit. Ihr Pferd sollte Sie allerdings auf Ihrem Weg beobachten.

Haben Sie nach erfolgreicher Umrundung Ihr Pferd wieder erreicht, legen Sie den Zügel zurück über den Hals, überprüfen den Stand des Pferdes (square stehen), nehmen beide Zügel in die linke Hand, ergreifen das Sattelhorn und steigen auf, bei vorsichtigem Einsitzen. Erst wenn die Zügel sortiert sind und das Pferd einige Sekunden ruhig stehen geblieben ist, können Sie langsam anreiten.

Die Regel, dass während einer Prüfung weder Pferd noch Sattel mit den Händen berührt werden dürfen, sollten Sie für das Absteigen und besonders für das Aufsteigen unbedingt beachten. Natürlich müssen Sie mit einer Hand den Sattel anfassen, um überhaupt aufsteigen zu können. Aber Sie sollten nicht beide Hände zu Hilfe nehmen. Es gibt Richter, die dies mit erheblichem Punktabzug ahnden.

Hinderniskombinationen

Auf den Turnieren sind Kombinationen mehrerer Hindernisse sehr beliebt. Da zwischen den einzelnen Hindernissen keine Erholungsphasen in Form von Schritt-, Trab- oder Galoppstrecken möglich sind, müssen sich Pferd und Reiter über eine längere Zeit konzentrieren und auf andere Bewegungsabläufe umschalten.

Es gibt unzählige Möglichkeiten, zwei, drei oder gar vier Hindernisse miteinander zu kombinieren. Meistens müssen diese Hindernisse unmittelbar hintereinander absolviert werden. Es gibt aber auch Doppelhindernisse, die gleichzeitig bewältigt werden müssen.

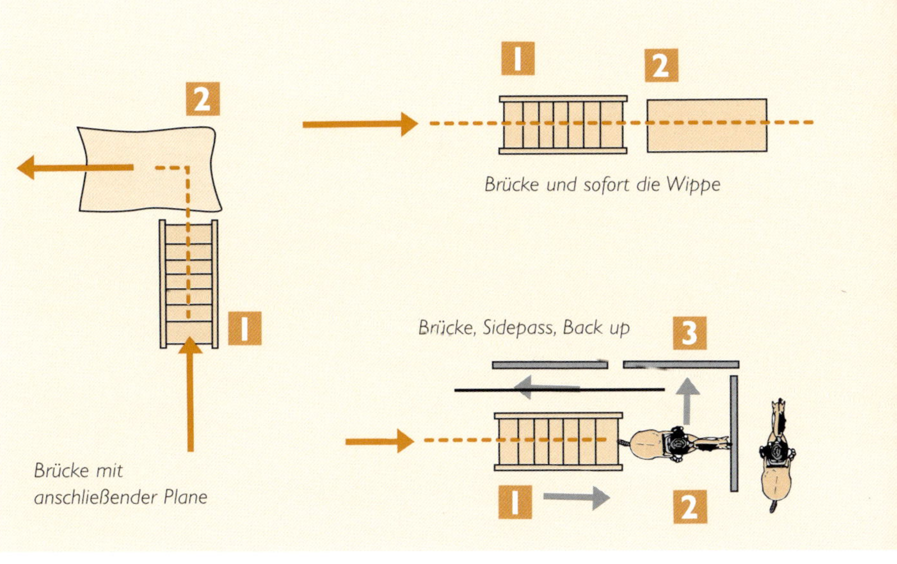

Im Trail-Parcours wird somit die Anzahl der Hindernisse erhöht, obwohl ein Kombihindernis eventuell nur als ein Hindernis in die Bewertung einfließt.
Kombinationen sind möglich zwischen Stangen, Brücke, Wippe, Plane und Tor. Nachfolgend sind eine Reihe von Kombinationen abgebildet.

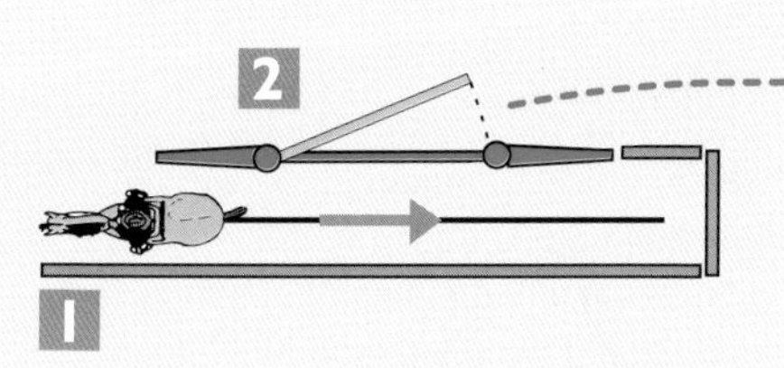

Back up in die Gasse hinein,
Tor öffnen und rückwärts durchreiten

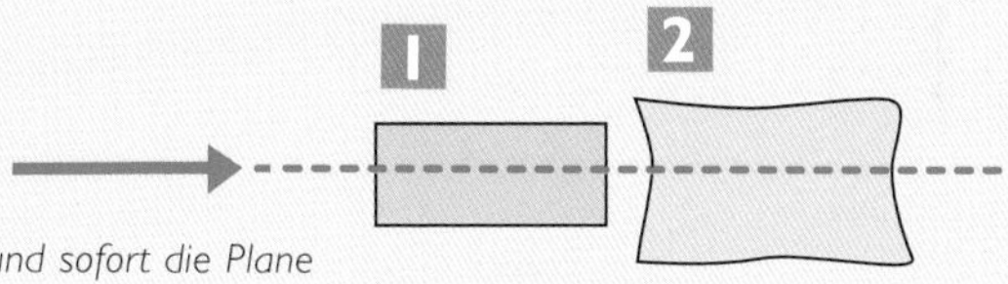

Wippe und sofort die Plane

Nach der Drehung im Quadrat folgt sofort
die Plane mit einem Verharren

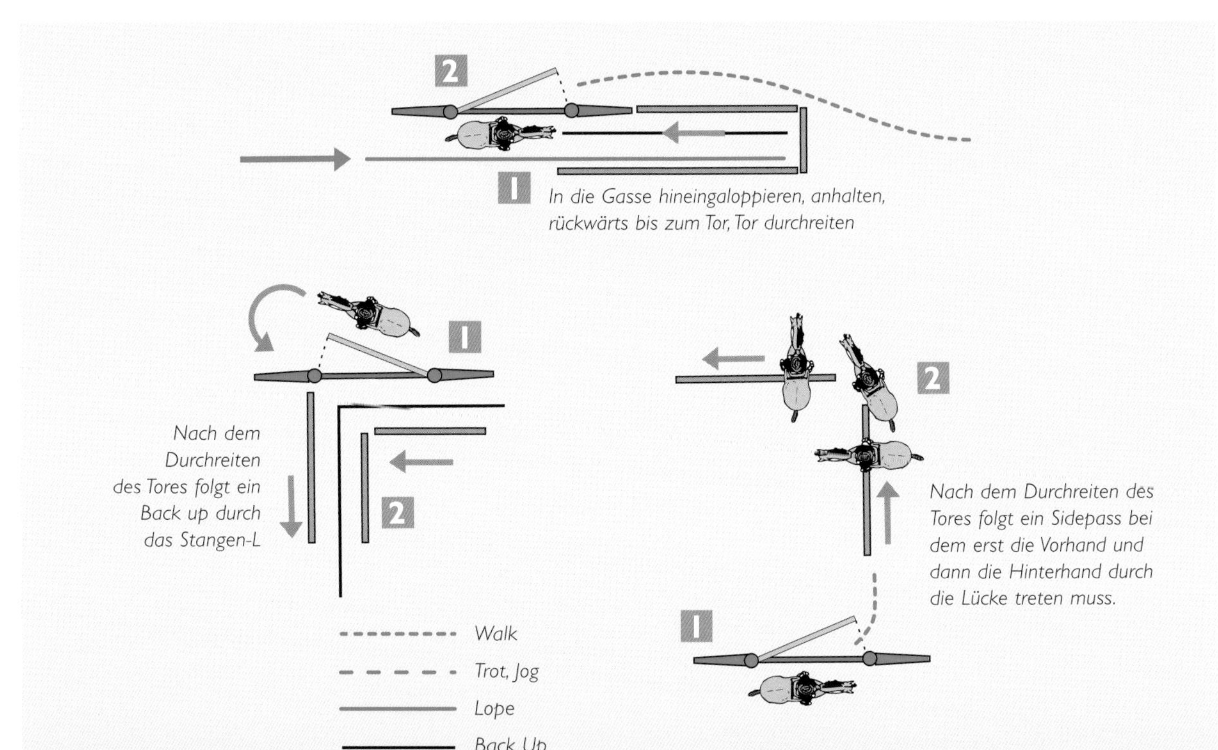
In die Gasse hineingaloppieren, anhalten,
rückwärts bis zum Tor, Tor durchreiten

Nach dem
Durchreiten
des Tores folgt ein
Back up durch
das Stangen-L

Nach dem Durchreiten des
Tores folgt ein Sidepass bei
dem erst die Vorhand und
dann die Hinterhand durch
die Lücke treten muss.

Walk
Trot, Jog
Lope
Back Up

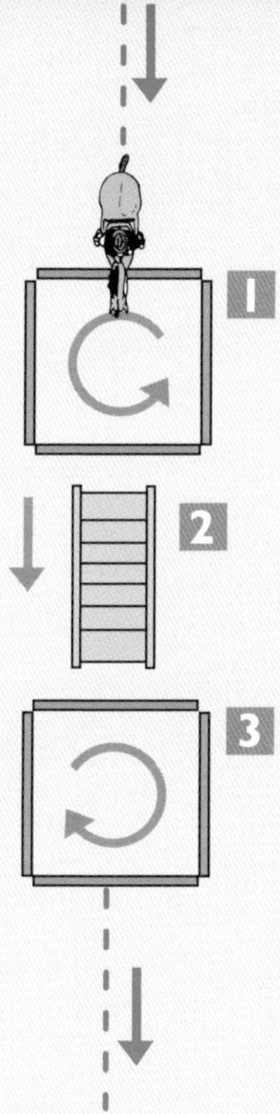
1
2
3

Trab ins Quadrat,
Linksdrehung,
Schritt über Brücke ins
Quadrat,
Rechtsdrehung,
im Trab aus dem
Quadrat ausreiten

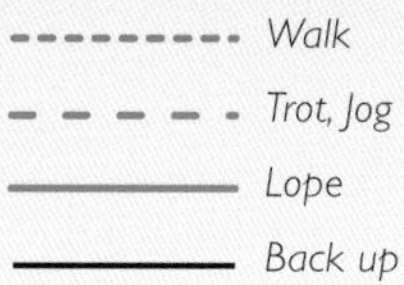
Walk
Trot, Jog
Lope
Back up

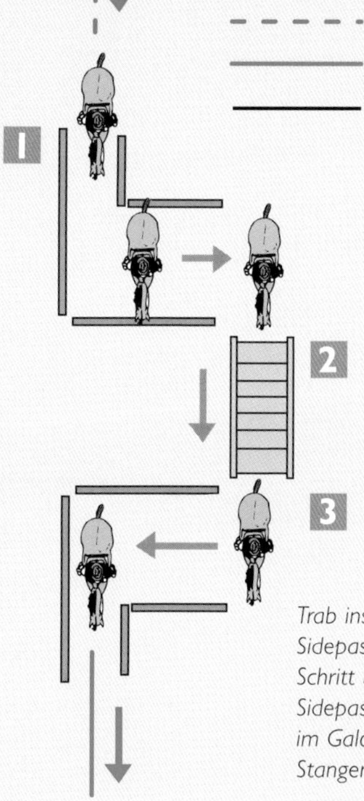
1
2
3

Trab ins Stangen-L,
Sidepass links,
Schritt über Brücke,
Sidepass rechts,
im Galopp aus dem
Stangen-L ausreiten

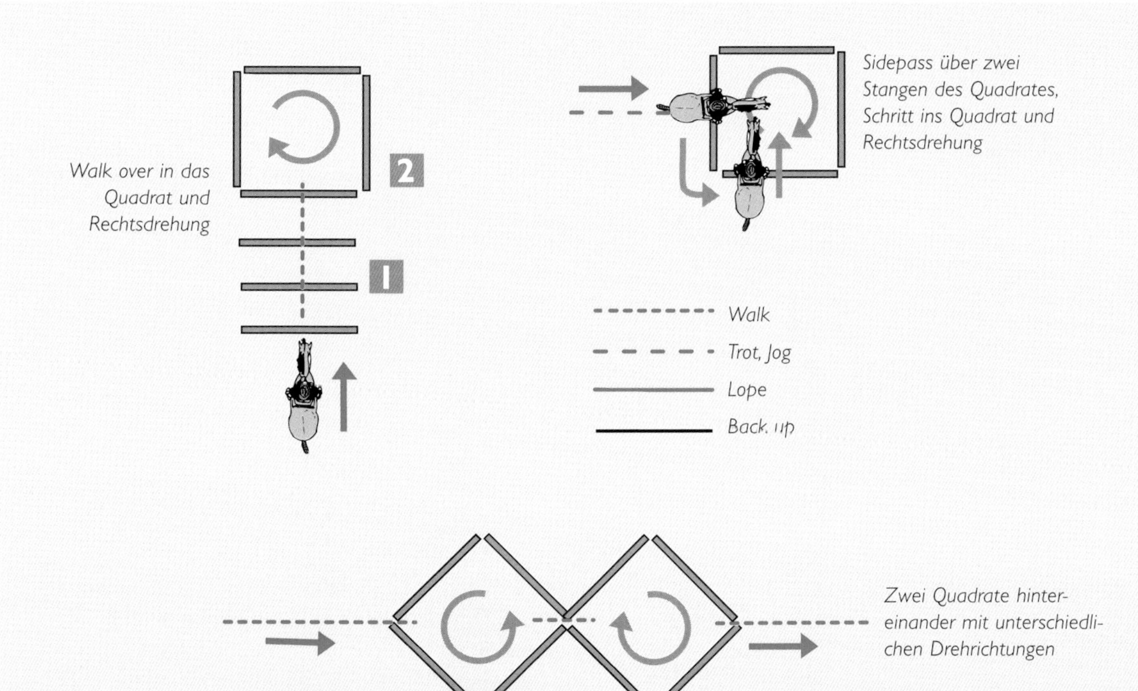

Walk over in das Quadrat und Rechtsdrehung
Sidepass über zwei Stangen des Quadrates, Schritt ins Quadrat und Rechtsdrehung
Walk
Trot, Jog
Lope
Back up
Zwei Quadrate hintereinander mit unterschiedlichen Drehrichtungen

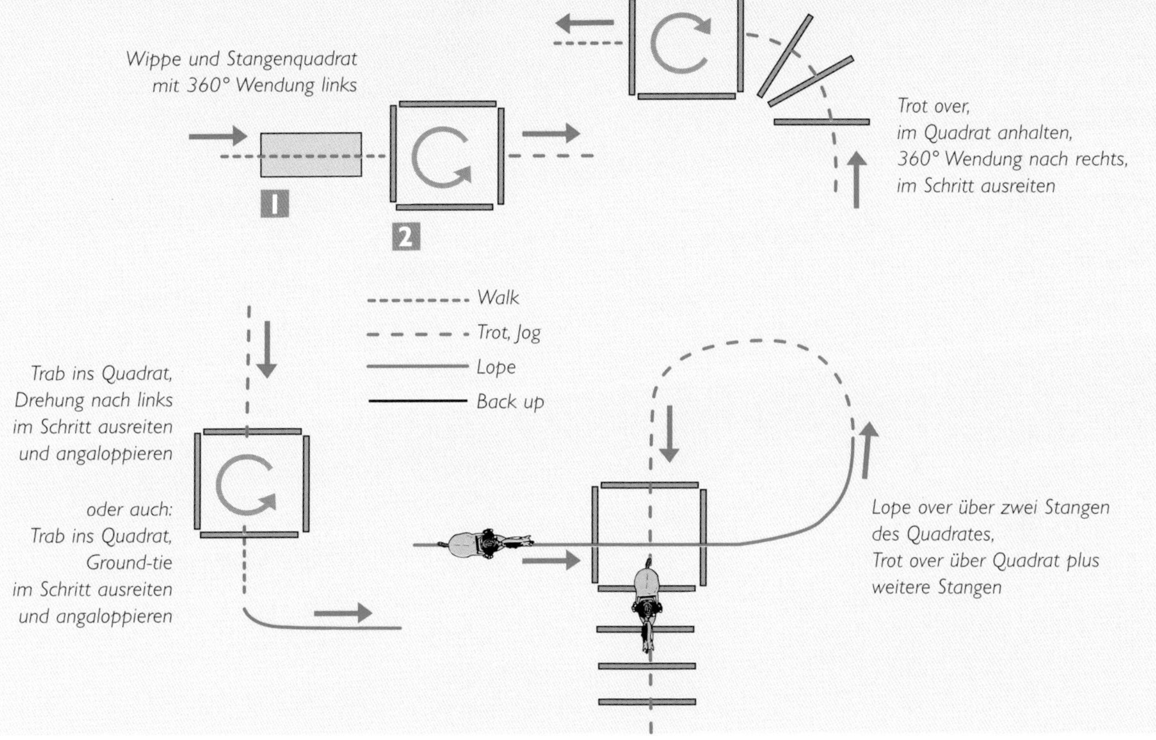

Wippe und Stangenquadrat
mit 360° Wendung links
Trot over,
im Quadrat anhalten,
360° Wendung nach rechts,
im Schritt ausreiten
Walk
Trot, Jog
Lope
Back up
Trab ins Quadrat,
Drehung nach links
im Schritt ausreiten
und angaloppieren
oder auch:
Trab ins Quadrat,
Ground-tie
im Schritt ausreiten
und angaloppieren
Lope over über zwei Stangen
des Quadrates,
Trot over über Quadrat plus
weitere Stangen

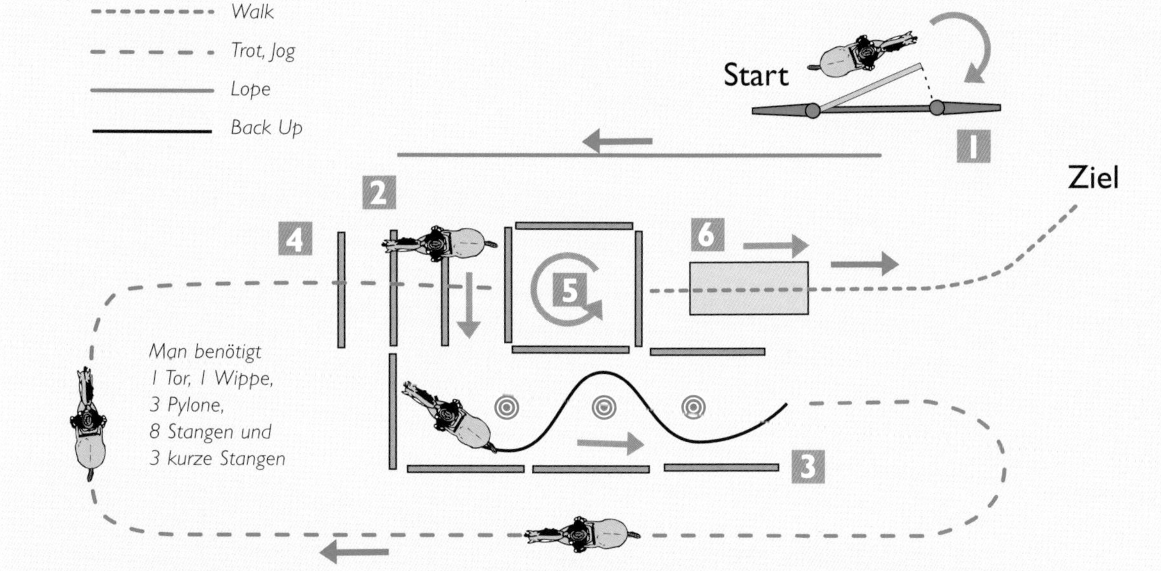

1. Das Tor parallel anreiten, Riegel mit rechts nach außen öffnen, vorwärts durchreiten, schließen, Galopp bis zur zweiten parallelen Stange, Stop und kurzes Verharren
2. Sidepass nach links über zweite Stange

3. Back up in Schlangenlinien um die drei Pylone, Hinterhandwendung nach rechts oder links um 180°
4. Trab im Rechtsbogen über das Trot over bis ins Quadrat, (Früh genug den Stop einlei-

ten, damit das Pferd nicht aus dem Quadrat heraustritt)
5. 360°-Wendung links im Quadrat, im Schritt ausreiten (Head-down)
6. sofort über die Wippe (Head-down) und im Schritt ausreiten

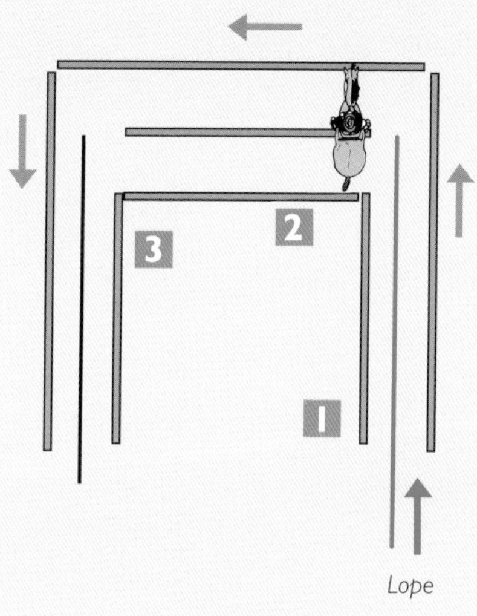

Kombinationen im Stangen U 1

Kombinationen im Stangen U 2

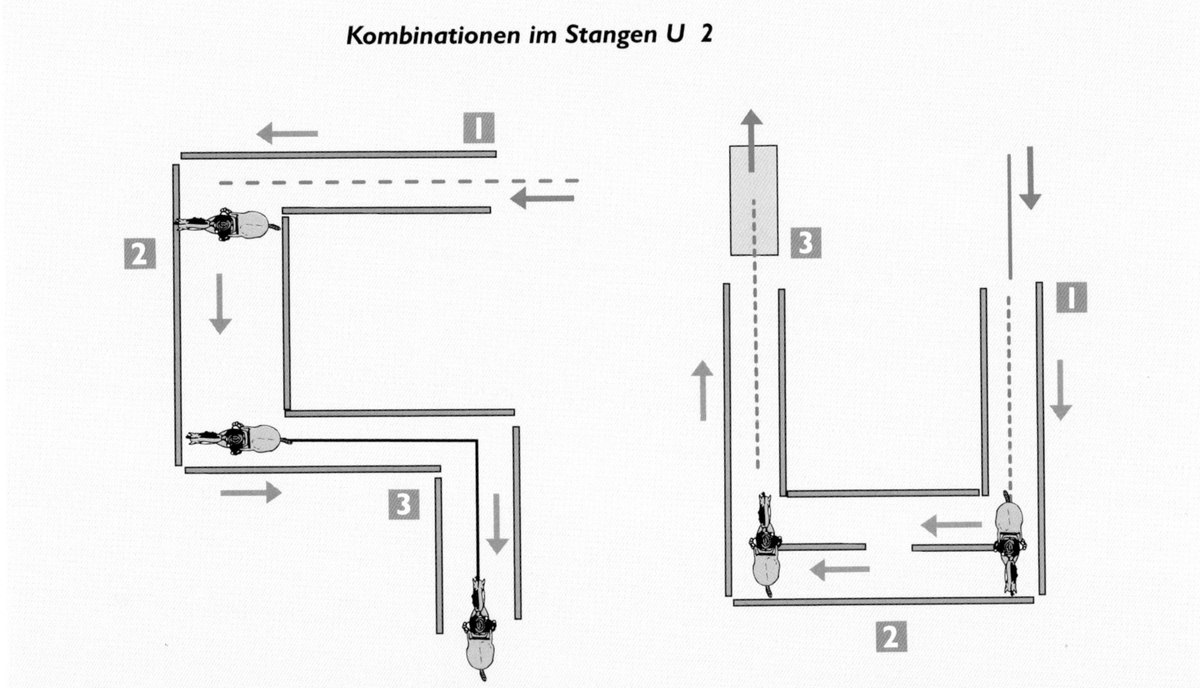

Stangen-Kombinationen 1

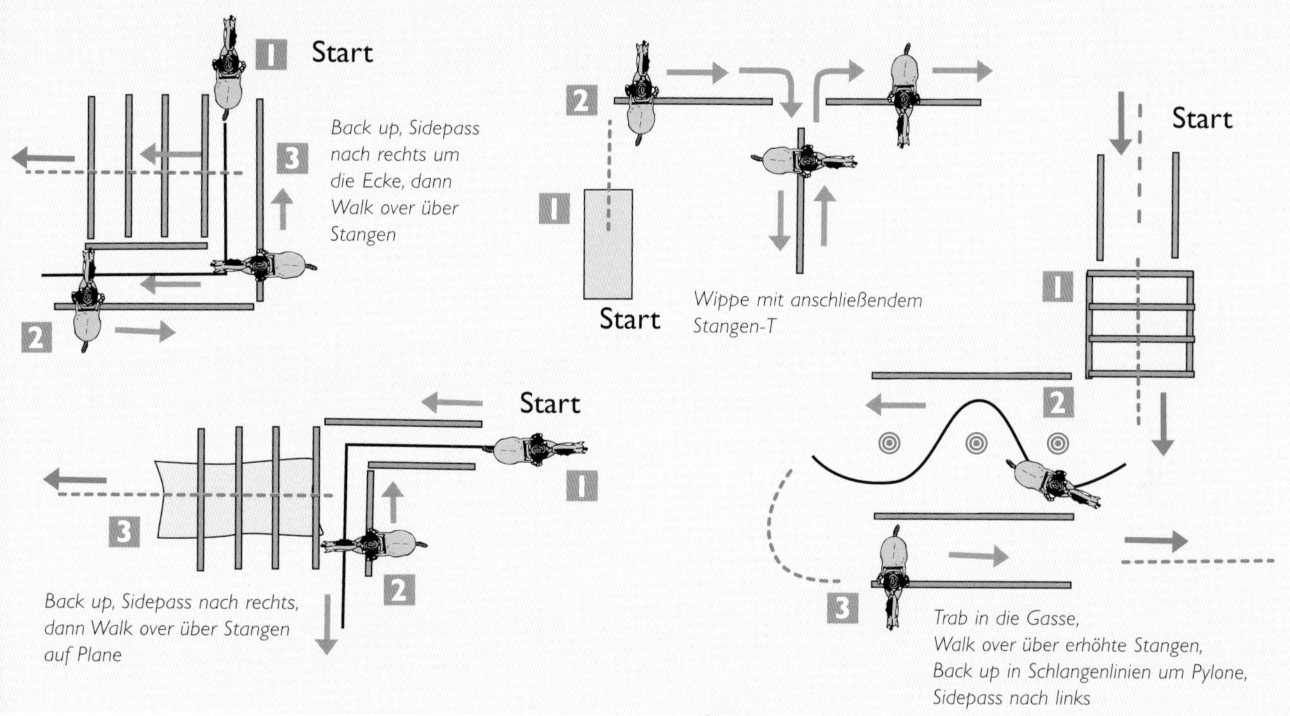

Stangen-Kombinationen 2

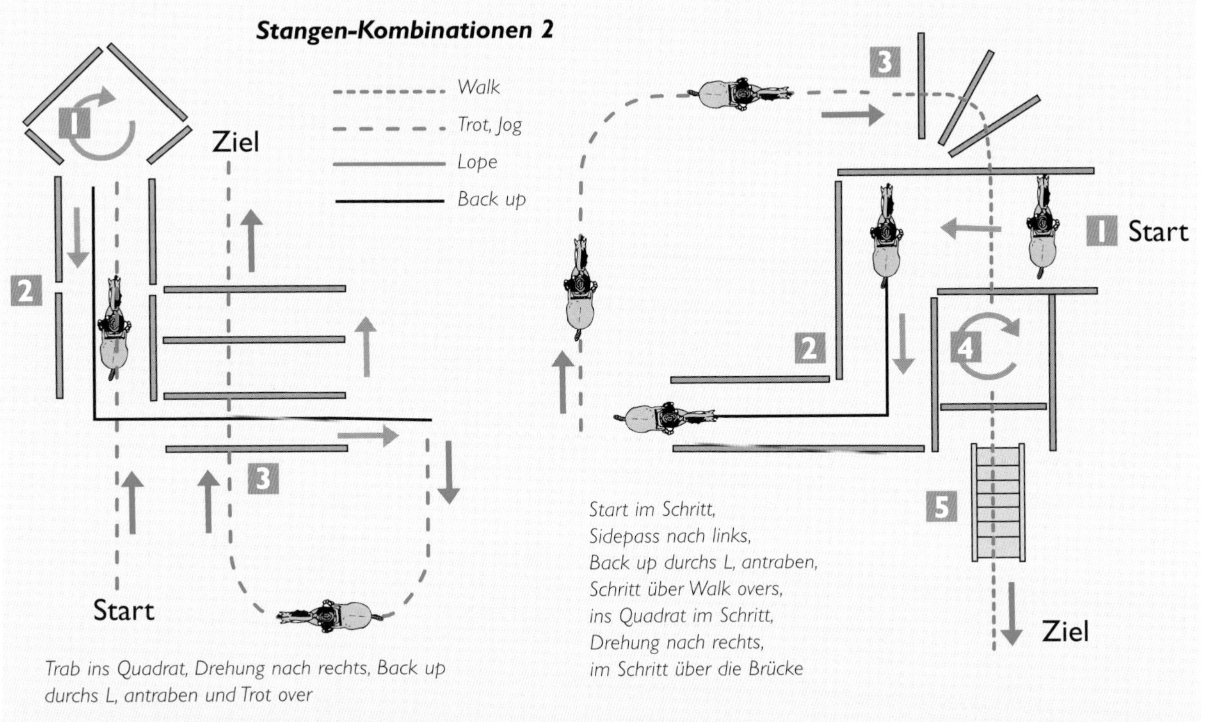

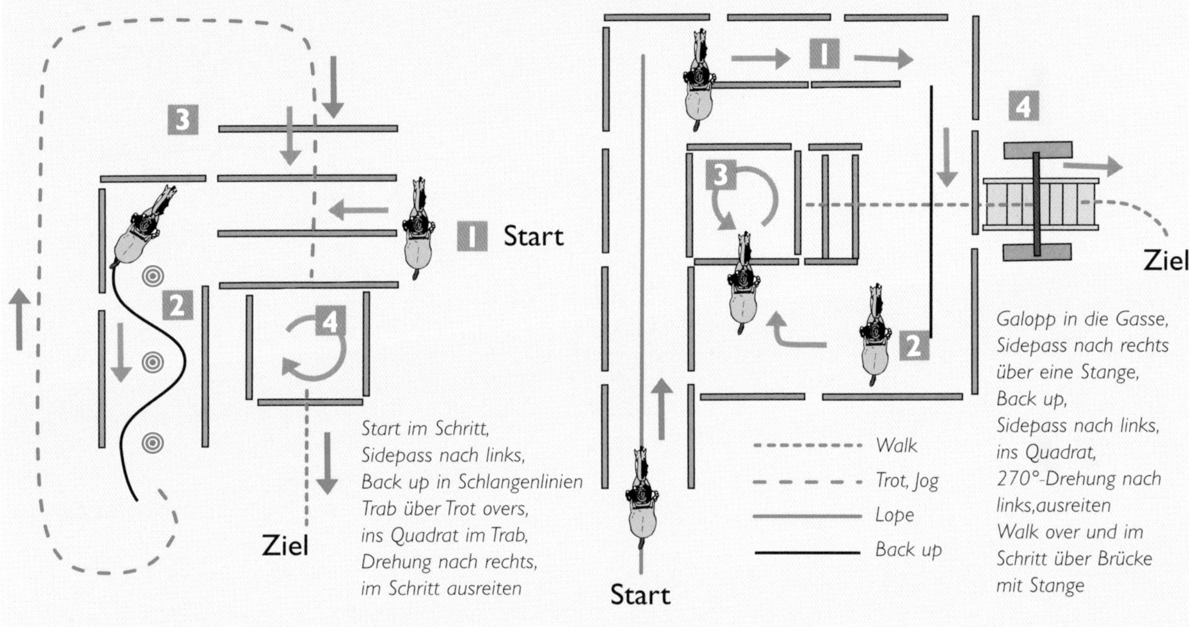

3
2
4
Start
Ziel
Start im Schritt,
Sidepass nach links,
Back up in Schlangenlinien
Trab über Trot overs,
ins Quadrat im Trab,
Drehung nach rechts,
im Schritt ausreiten
Ziel
1
Start
3
4
2
Ziel
Walk
Trot, Jog
Lope
Back up
Galopp in die Gasse,
Sidepass nach rechts
über eine Stange,
Back up,
Sidepass nach links,
ins Quadrat,
270°-Drehung nach
links, ausreiten
Walk over und im
Schritt über Brücke
mit Stange

9

Übungsparcours

Die Gestaltung von Übungsparcours richtet sich in erster Linie nach dem vorhandenen Hindernismaterial. Doch mit wenigen Hindernissen, wie Plane, Brett oder Wippe, mehreren Stangen, kann

Parcours 1

1. Tor im Schritt anreiten, Riegel rechts öffnen und vorwärts durchreiten, schließen, Hinterhandwendung links um 90°
2. Antraben, im Rechtsbogen gerade den Stangenfächer anreiten, gebogenes Trot over, weitertraben bis etwa 4 m vor Fächer, Schritt
3. gebogenes Walk over
4. Stop im Quadrat, 360°-Wendung nach rechts, Head-down, im Schritt ausreiten
5. Stop am Stangen-L, Verharren, Hinterhandwendung nach rechts, Back up im Stangen-L bis Hinterhand außerhalb
6. Vorhandwendung rechts, Sidepass nach links bis zum Ende des L, Hinterhandwendung um 180° links, Verharren, Linksgalopp
7. 4 m vor der Plane Schritt, im Schritt mit Head-down über die Plane, ausreiten

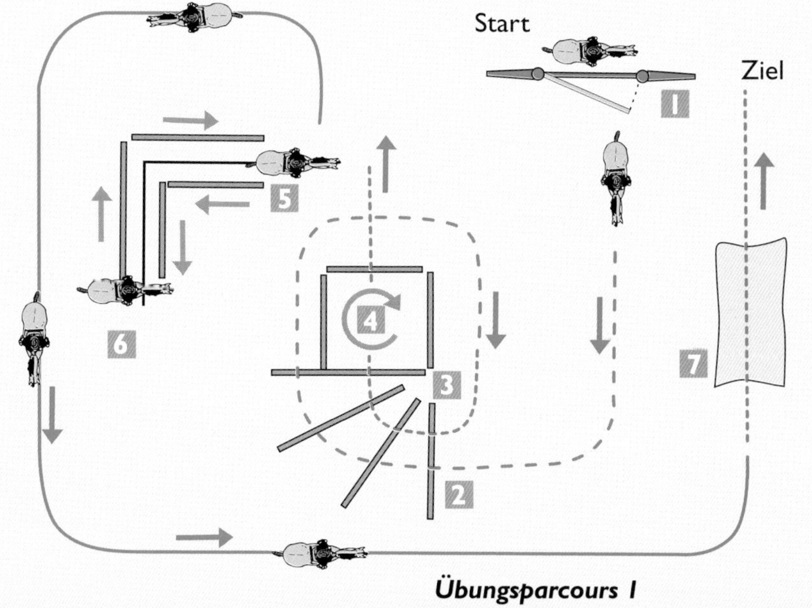

Man benötigt: 1 Tor, 1 Plane, 8 Stangen, 3 kurze Stangen (1,5 m)

Übungsparcours 1

Parcours 2

1. Tor im Schritt anreiten, Riegel links öffnen und rückwärts durchreiten, schließen, Hinterhandwendung rechts um 90°
2. Antraben, im Jog über die Stangen bis zur linken Seite des Schlüssellochs
3. Vorhandwendung um ca 180°, Back up durchs Schlüsselloch, Rechtsgalopp
4. 4 m vor Balken Schritt, im Schritt über Balken, Ein Vorder- und Hinterhuf in Lücke, schritt über Wippe,
5. im Schritt über Plane, wieder je ein Vorder- und Hinterhuf in Lücke (Lücke jeweils 50 cm), Trab zur Stange
6. Vorhandwendung rechts, Sidepass nach links, Vorhand durch Lücke, Hinterhand durch Lücke, Sidepass nach rechts, im Schritt ausreiten.

man sich einige Variationen ausdenken und somit Pferd und Reiter auf Turniersituationen vorbereiten. Es ist nicht sinnvoll, immer wieder den gleichen Trainingsparcours zu üben, weil das Pferd sich an die Abfolge gewöhnt. Eine ständige Veränderung

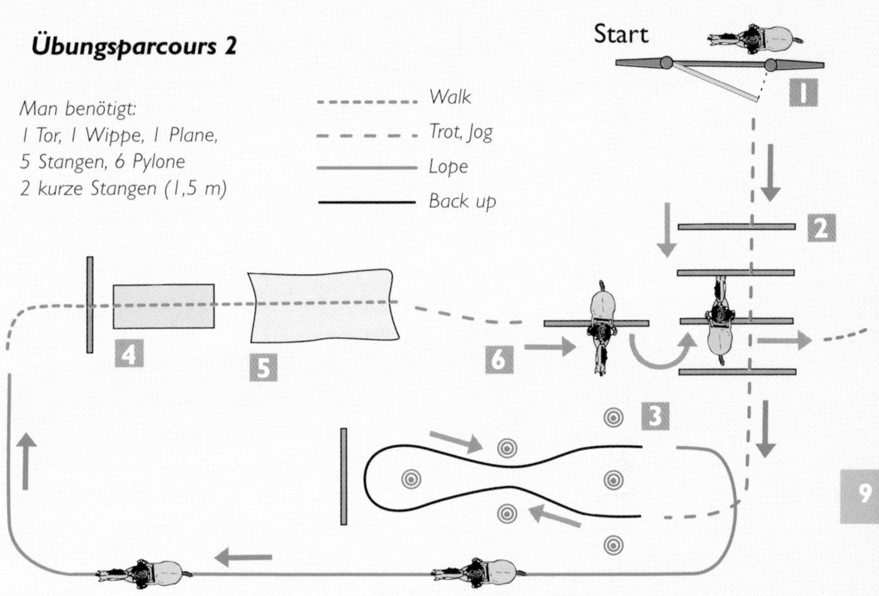

des äußeren Erscheinungsbildes der einzelnen Hindernisse sowie deren Reihenfolge ist deshalb sehr wichtig. Die Plane sollte z.B. nicht immer blau oder weiß sein. Trifft Ihr Pferd im Turnier auf eine gelbe Plane, könnte es möglicherweise davor scheuen. Auch den Stangen sollten Sie mal eine andere Farbe geben oder für das Back up statt des L mal ein V oder Z wählen. Das Anbringen von Bändern oder Ballons an den Hindernissen ist ebenfalls empfehlenswert. Diese ständigen Veränderungen bauen das Vertrauen auf und minimieren die unliebsamen Überraschungen beim Turnier.

Bei der Zusammenstellung der einzelnen Hindernisse sollten Sie Schwerpunkte setzen. Hapert es noch beim Walk over, so darf dieses Hindernis nicht fehlen. Ist das Headdown noch ein Problem, muss die Plane oder das Brett dabei sein. Auch ein Hindernis, das Ihr Pferd sehr gut beherrscht, müssen Sie unbedingt mit einbauen. Dies ist für das Selbstvertrauen Ihres Vierbeiners sehr wichtig und gibt Ihnen Gelegenheit, ausgiebig zu loben. Die Freude an der Arbeit muss erhalten bleiben und dies geschieht nur, wenn das Pferd auch einfachere Aufgaben zu lösen bekommt. Der Schwierigkeitsgrad Ihres Übungsparcours sollte sich immer am Leistungsstand Ihres Pferdes orientieren. Man darf das Pferd niemals durch zu schwere Hindernisse oder zu enge Abmessungen überfordern. Ein einmal missbrauchtes Vertrauen ist nur sehr schwer wiederherzustellen. Durch psychische oder physische Überforderung werden die meisten Pferde »sauer«: Sie weigern sich mitzuarbeiten und werden unwillig.

Wenn Sie Ihren kleinen Parcours durchlaufen haben, gönnen Sie Ihrem Pferd eine Erholungsphase durch Schritt- oder Trabrunden oder lassen es einfach mal stehen. Erst danach sollten Sie einen zweiten Versuch starten.

Generell sollte Ihr Übungsparcours sicher und mit nicht zu schweren Hindernissen bestückt sein. Außerdem sollte er kurzweilig gestaltet sein und alle Basiselemente enthalten. Die nachfolgenden Vorschläge berücksichtigen eventuelle Platzprobleme und werden deshalb als

Kompakt-Parcours bezeichnet. Nachteilig sind dabei die langen Konzentrationsphasen für das Pferd, da einige Hindernisse unmittelbar aufeinander folgen. Deshalb noch einmal der Hinweis auf die notwendigen Erholungsphasen vor dem nächsten Versuch.

Parcours 3

1. Tor im Schritt anreiten, Riegel rechts öffnen und vorwärts durchreiten, schließen, Galopp bis zur zweiten parallelen Stange, Stop, kurzes Verharren

2. Sidepass nach links über die zweite Stange

3. Back up in Schlangenlinien um die drei Pylone, Hinterhandwendung nach rechts oder links um 180°,

4. Trab im Rechtsbogen über Trot over bis ins Quadrat, Stop früh genug einleiten,

5. Im Quadrat 360°-Wendung links, mit Head-down ausreiten,

6. sofort im Schritt mit Head-down über die Wippe, ausreiten im Schritt.

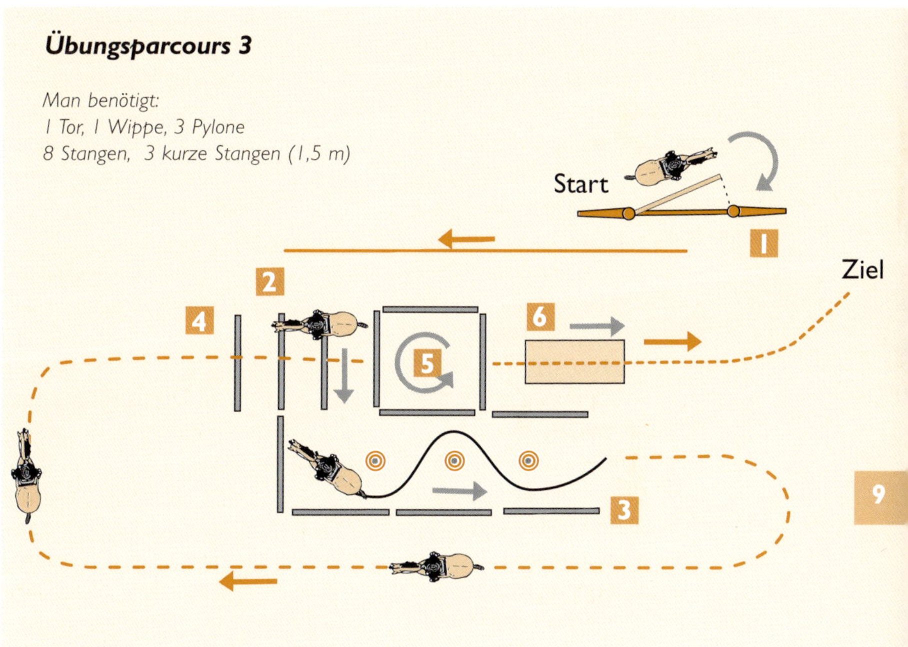

Turnierparcours

Auf Turnieren wird die Trail-Pattern meistens darauf ausgerichtet sein, dass der ganze Reitplatz oder die komplette Halle für die Gestaltung der Hindernisse ausgenutzt wird. Durch diese Weitläufigkeit kommen die Gänge des Pferdes mehr zur Geltung. Dieser Umstand darf nicht unterschätzt werden, zumal neben den einzelnen Hindernissen auch die Gänge und die Manier des Pferdes in die Bewertung einfließen. Jede Trail-Pattern enthält die vorgeschriebenen Hindernisse wie Tor, Brücke und ein Stangen-Überreit-Hindernis. Eine Back up-Aufgabe und ein Sidepass sind meistens enthalten.

Während man sich in Prüfungen für junge Pferde sowie in den Jugend- und Einsteigerklassen um relativ einfache Pattern bemüht, sind die Aufgaben in der Amateurklasse und insbesondere in der offenen Klasse schwieriger. Stehen Preisgelder zur Verteilung an, wie z.B. in so genannten Jack-Pot-Prüfungen, kennt der Finfallsreichtum keine Grenzen. Nachfolgend sind einige Pattern abgebildet, die die Vielzahl der Möglichkeiten verdeutlichen sollen.

Trail Jugend

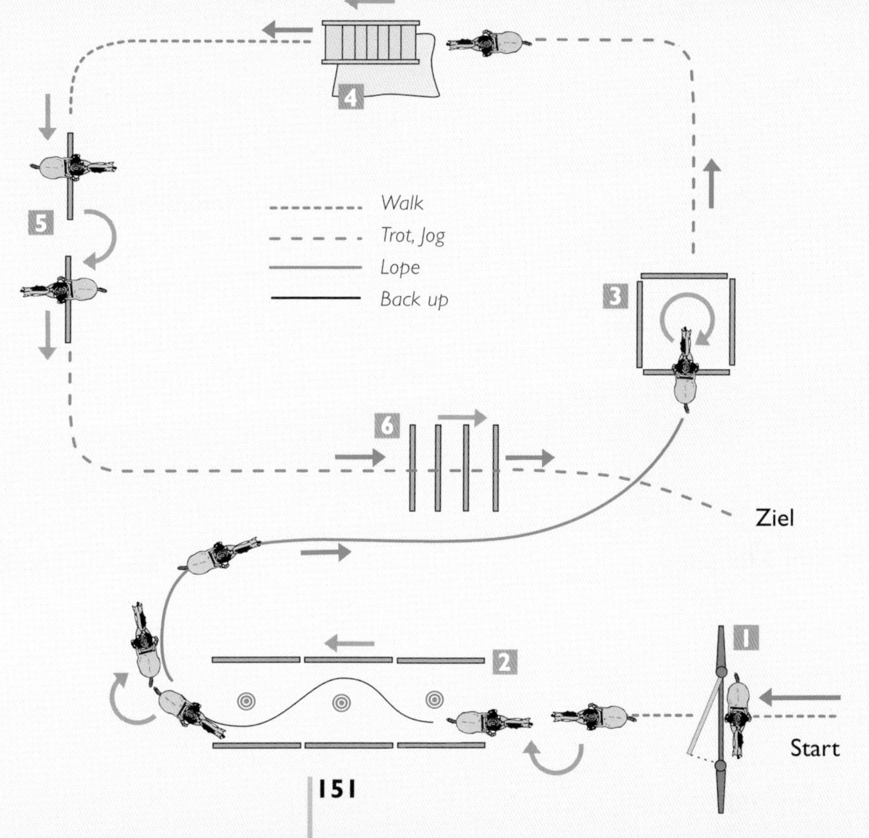

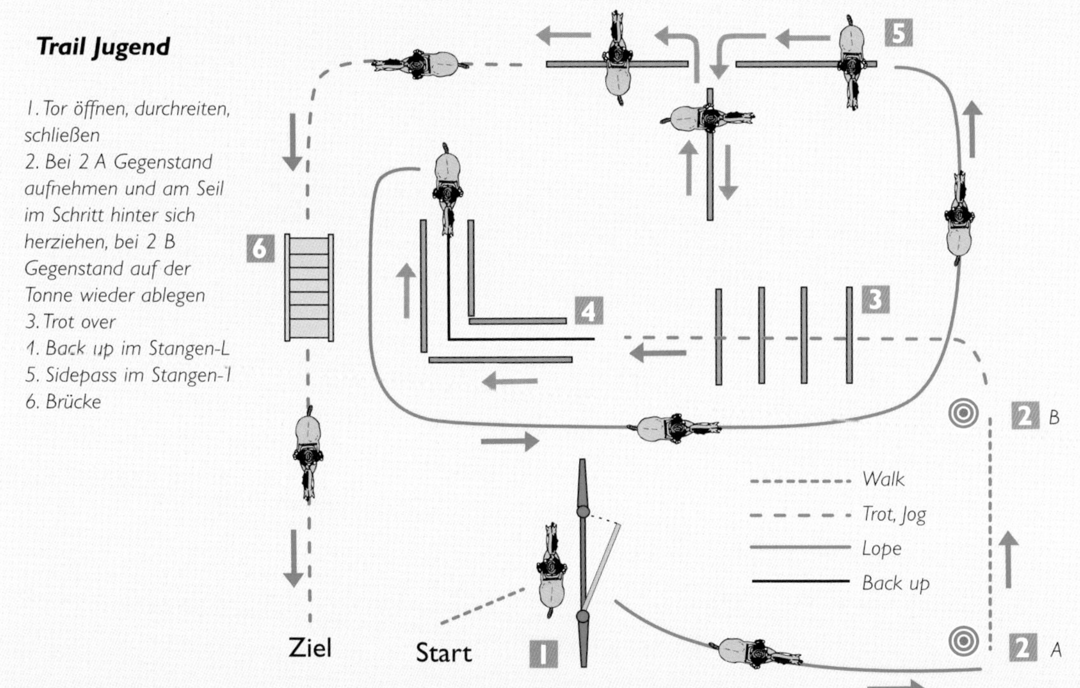
Trail Jugend

1. Tor öffnen, durchreiten, schließen
2. Bei 2 A Gegenstand aufnehmen und am Seil im Schritt hinter sich herziehen, bei 2 B Gegenstand auf der Tonne wieder ablegen
3. Trot over
4. Back up im Stangen-L
5. Sidepass im Stangen-I
6. Brücke

Walk
Trot, Jog
Lope
Back up

Ziel
Start
1
2 B
2 A
3
4
5
6

Trail Jugend 14–18 Jahre

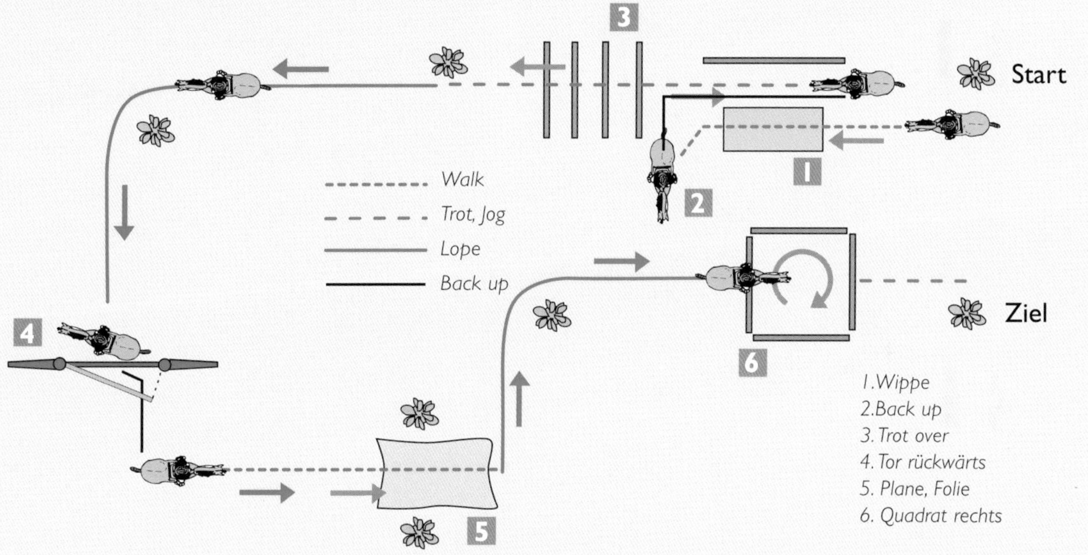

10

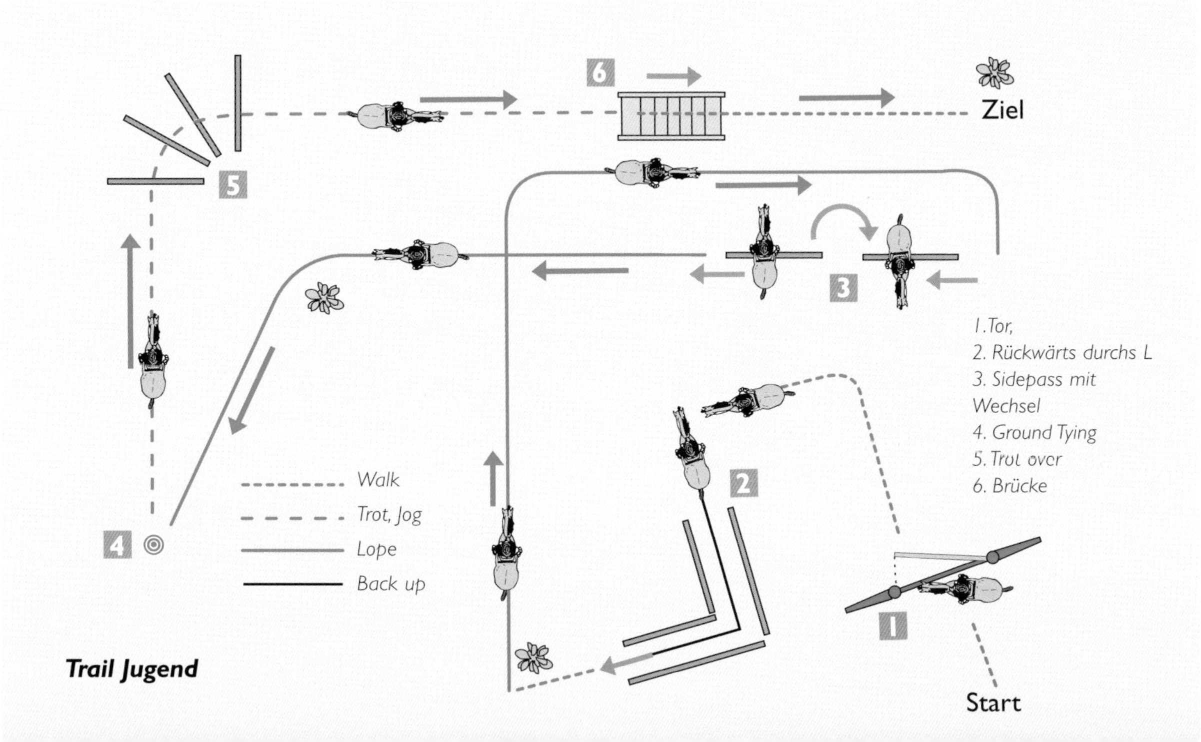

Ziel
6
5
3
1. Tor,
2. Rückwärts durchs L
3. Sidepass mit
Wechsel
4. Ground Tying
5. Trot over
6. Brücke
2
4
Walk
Trot, Jog
Lope
Back up
Trail Jugend
Start

Trail Jugend

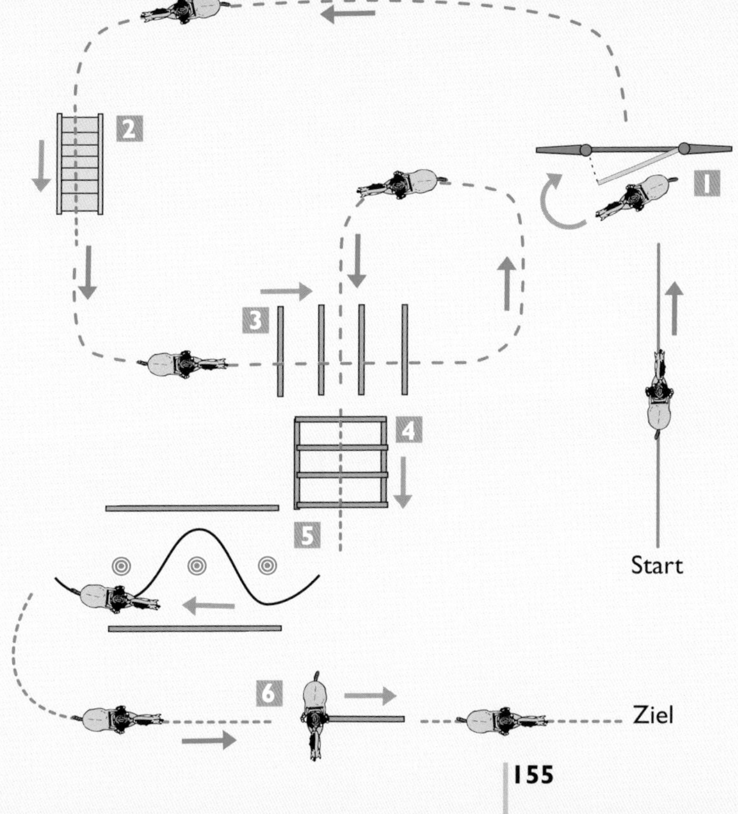

10

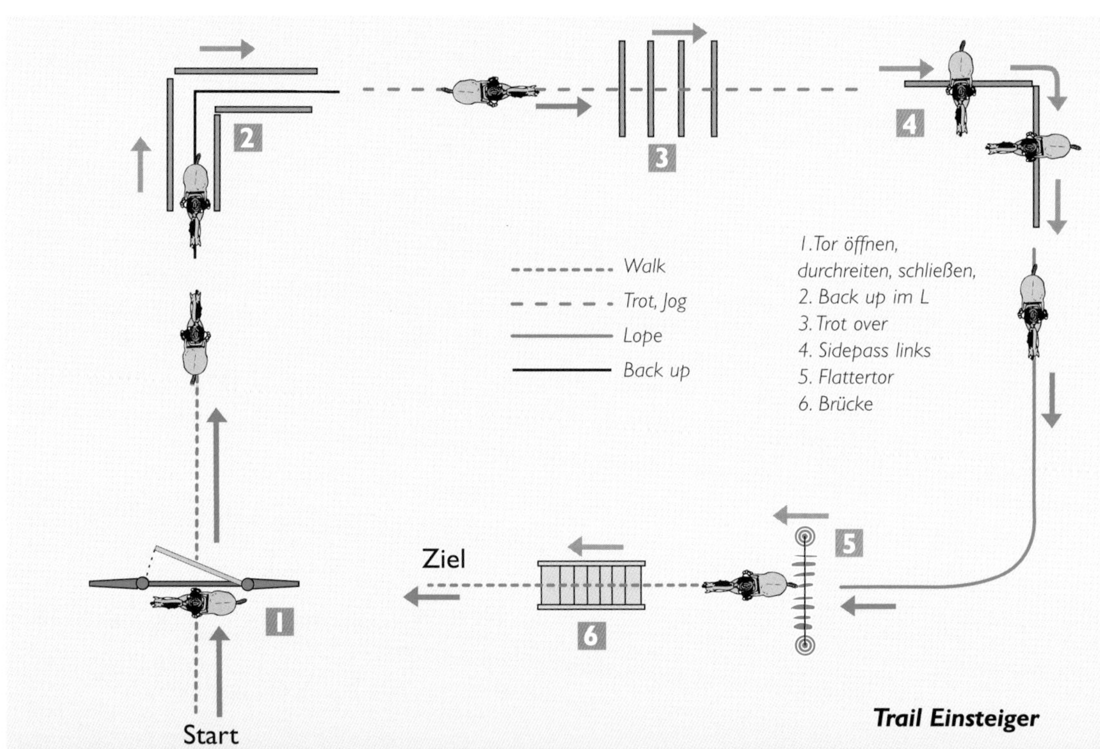

Trail Einsteiger

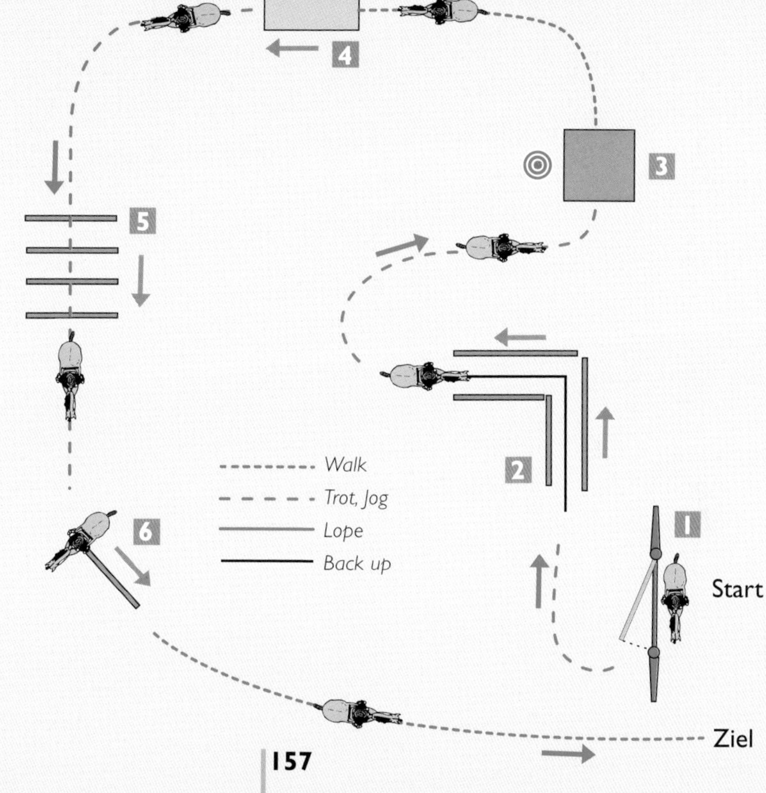

1. Tor
2. Rückwärts durchs L
3. Ground Tying
4. Wippe
5. Trot over
6. Sidepass links
4
3
5
2
6
1
Walk
Trot, Jog
Lope
Back up
Start
Ziel
Trail Einsteiger

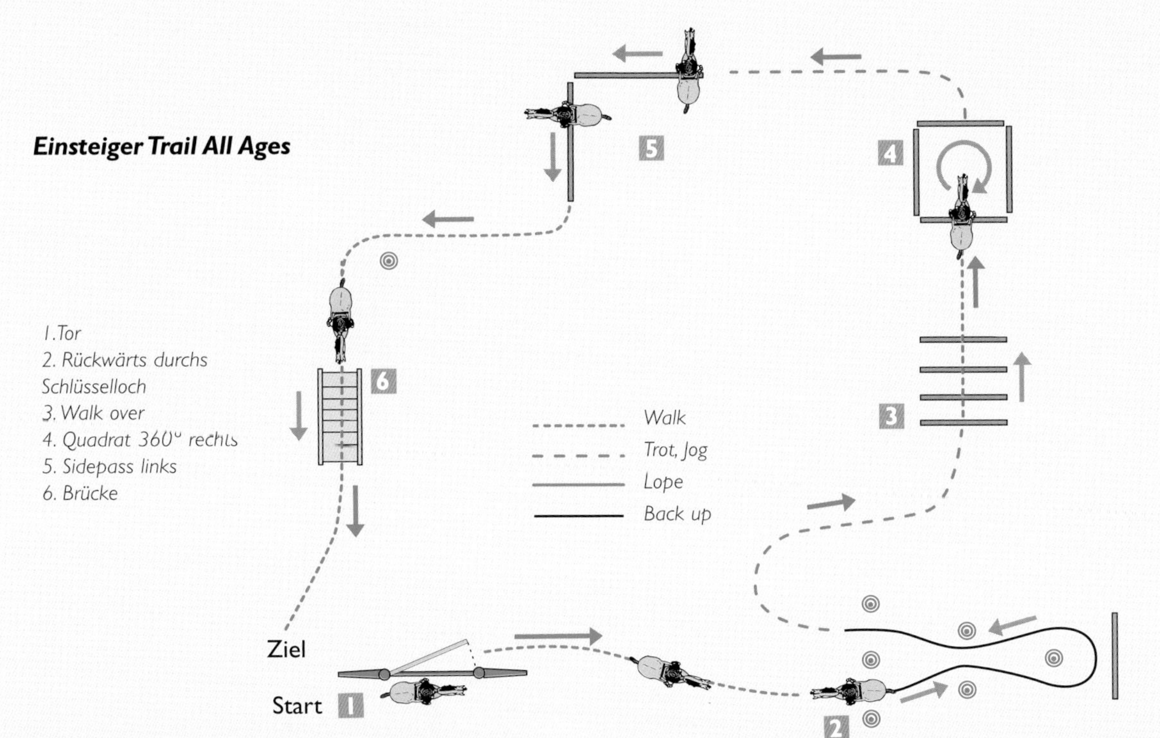
Einsteiger Trail All Ages
1. Tor
2. Rückwärts durchs Schlüsselloch
3. Walk over
4. Quadrat 360° rechts
5. Sidepass links
6. Brücke
Walk
Trot, Jog
Lope
Back up
Start
Ziel
1
2
3
4
5
6

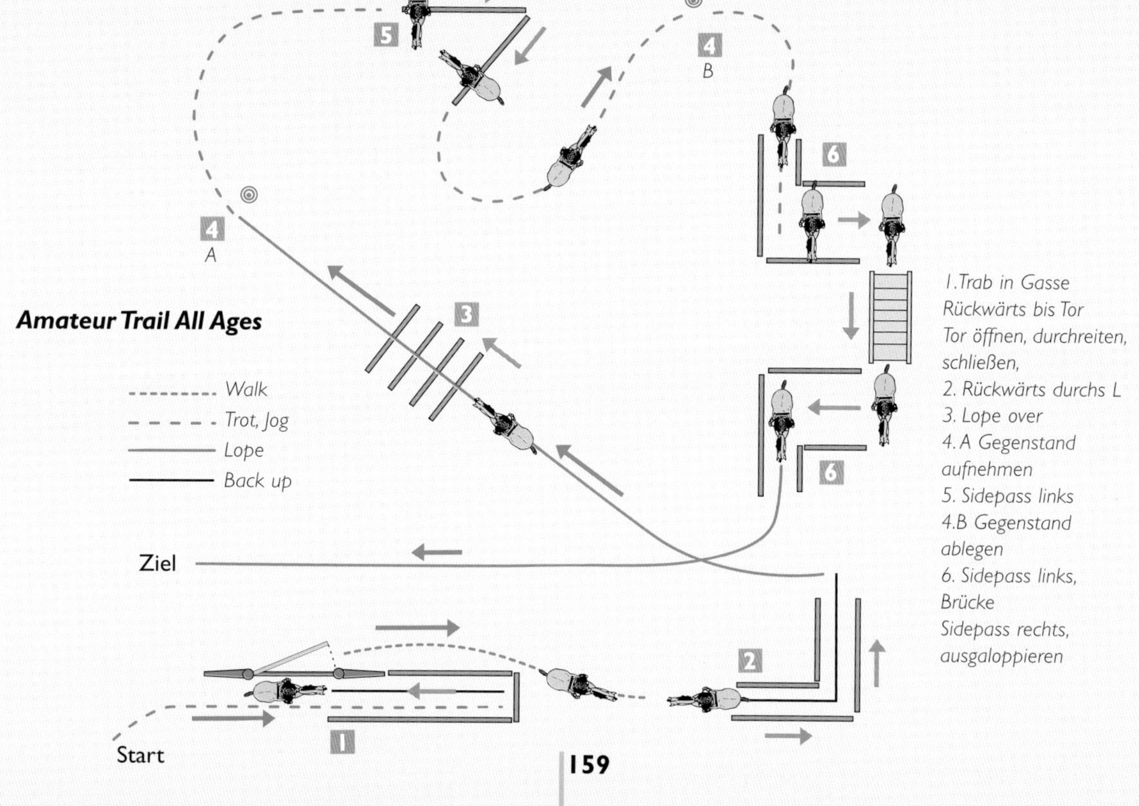

Amateur Trail All Ages
Walk
Trot, Jog
Lope
Back up
Start
Ziel
159
1. Trab in Gasse
Rückwärts bis Tor
Tor öffnen, durchreiten,
schließen,
2. Rückwärts durchs L
3. Lope over
4. A Gegenstand
aufnehmen
5. Sidepass links
4.B Gegenstand
ablegen
6. Sidepass links,
Brücke
Sidepass rechts,
ausgaloppieren
5
4
B
4
A
3
6
6
2
1
10

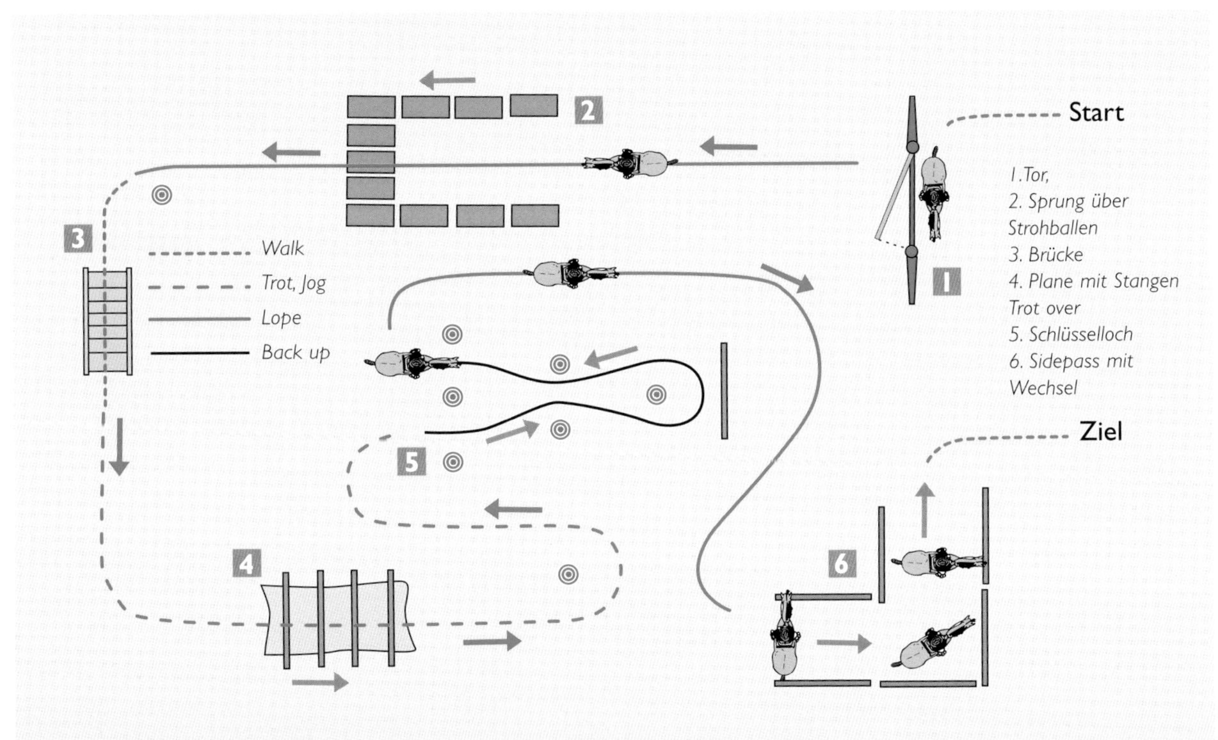
Start
2
3
Walk
Trot, Jog
Lope
Back up
1. Tor,
2. Sprung über
Strohballen
3. Brücke
4. Plane mit Stangen
Trot over
5. Schlüsselloch
6. Sidepass mit
Wechsel
Ziel
4
5
6

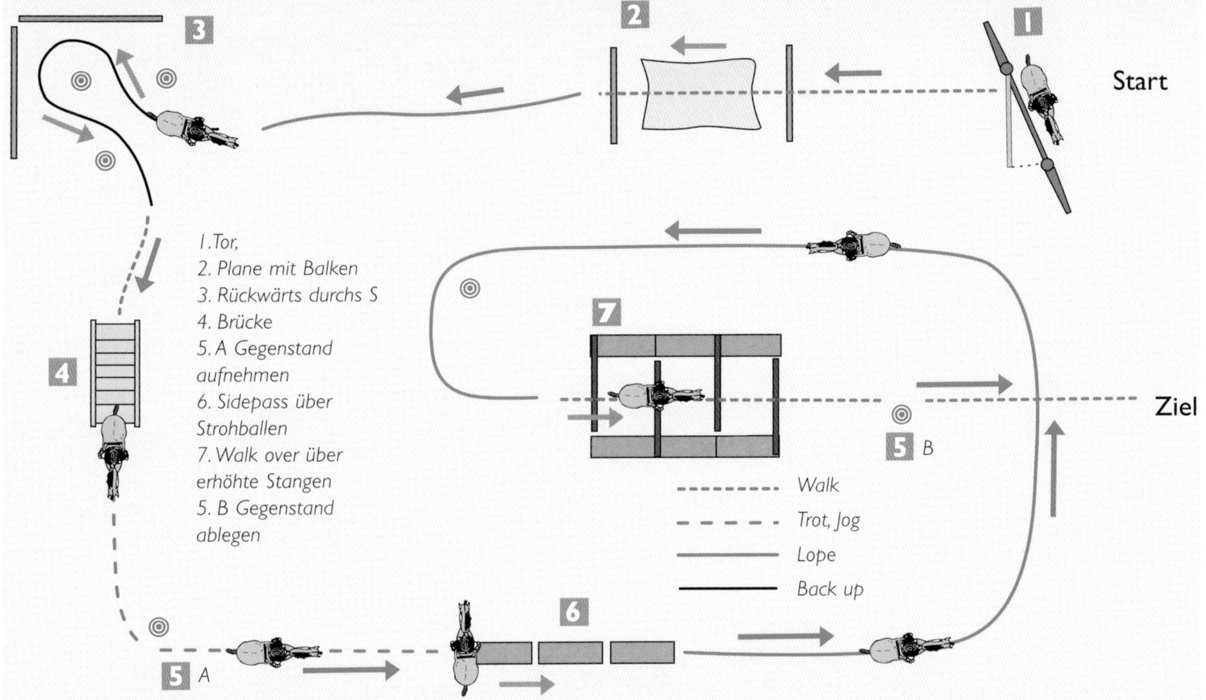

Start
Ziel
1. Tor,
2. Plane mit Balken
3. Rückwärts durchs S
4. Brücke
5. A Gegenstand
aufnehmen
6. Sidepass über
Strohballen
7. Walk over über
erhöhte Stangen
5. B Gegenstand
ablegen
Walk
Trot, Jog
Lope
Back up

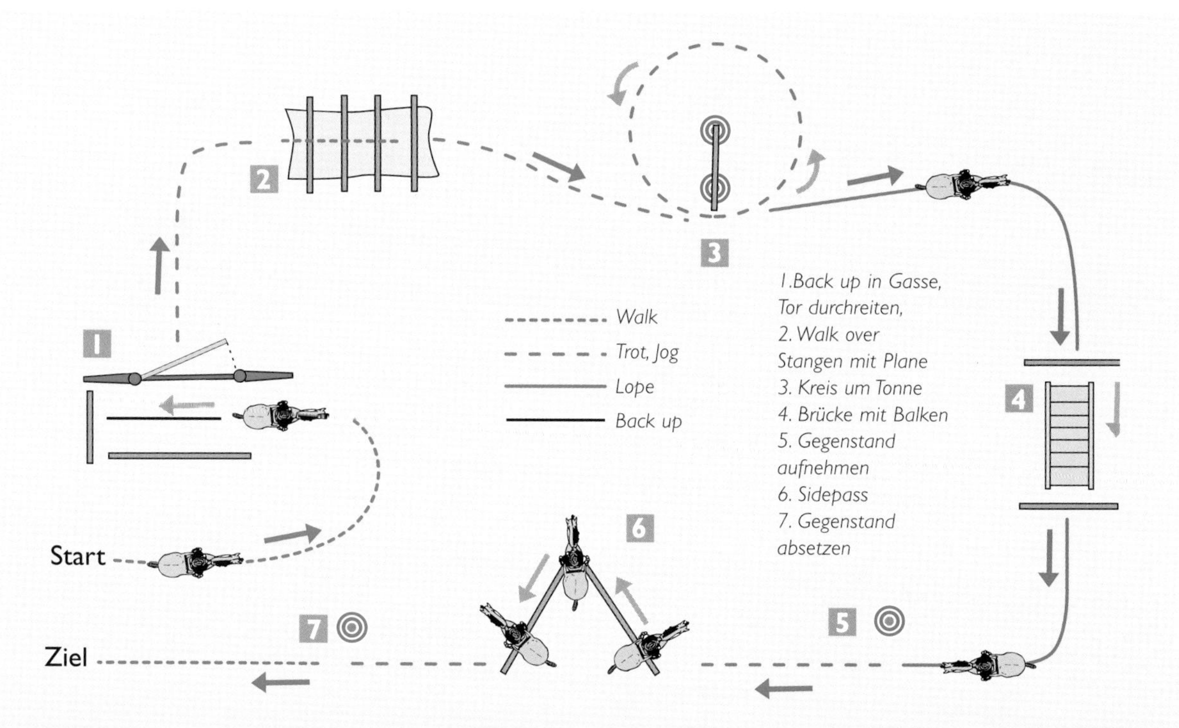
Walk
Trot, Jog
Lope
Back up
1. Back up in Gasse,
Tor durchreiten,
2. Walk over
Stangen mit Plane
3. Kreis um Tonne
4. Brücke mit Balken
5. Gegenstand
aufnehmen
6. Sidepass
7. Gegenstand
absetzen
Start
Ziel

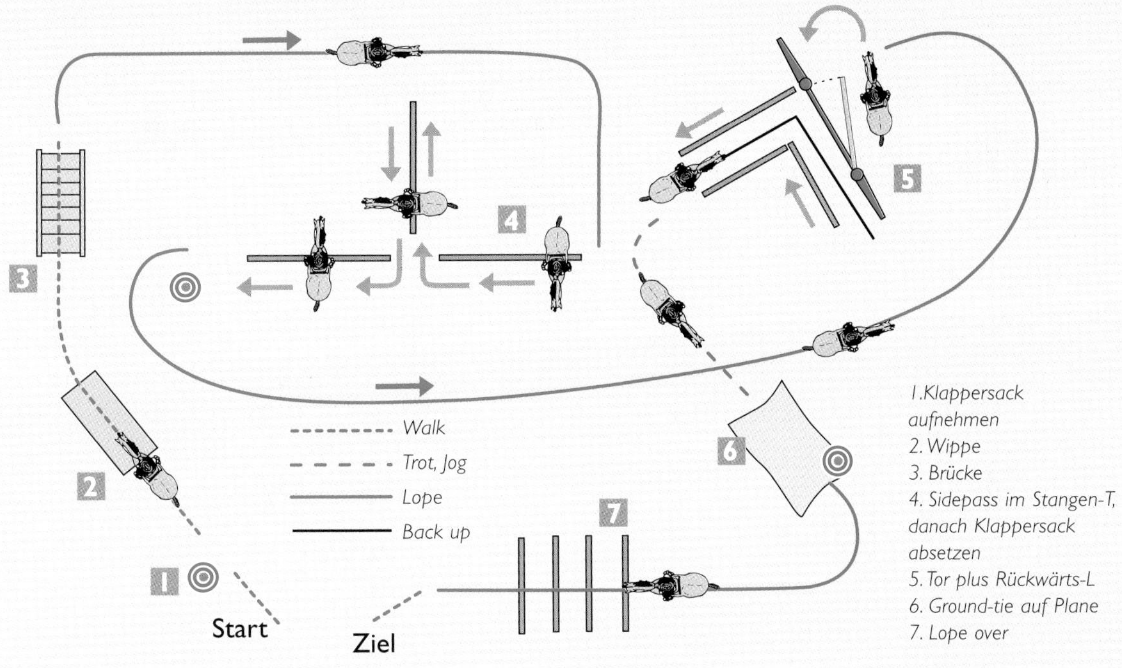

Walk
Trot, Jog
Lope
Back up
Start
Ziel
1.Klappersack aufnehmen
2. Wippe
3. Brücke
4. Sidepass im Stangen-T, danach Klappersack absetzen
5. Tor plus Rückwärts-L
6. Ground-tie auf Plane
7. Lope over
10

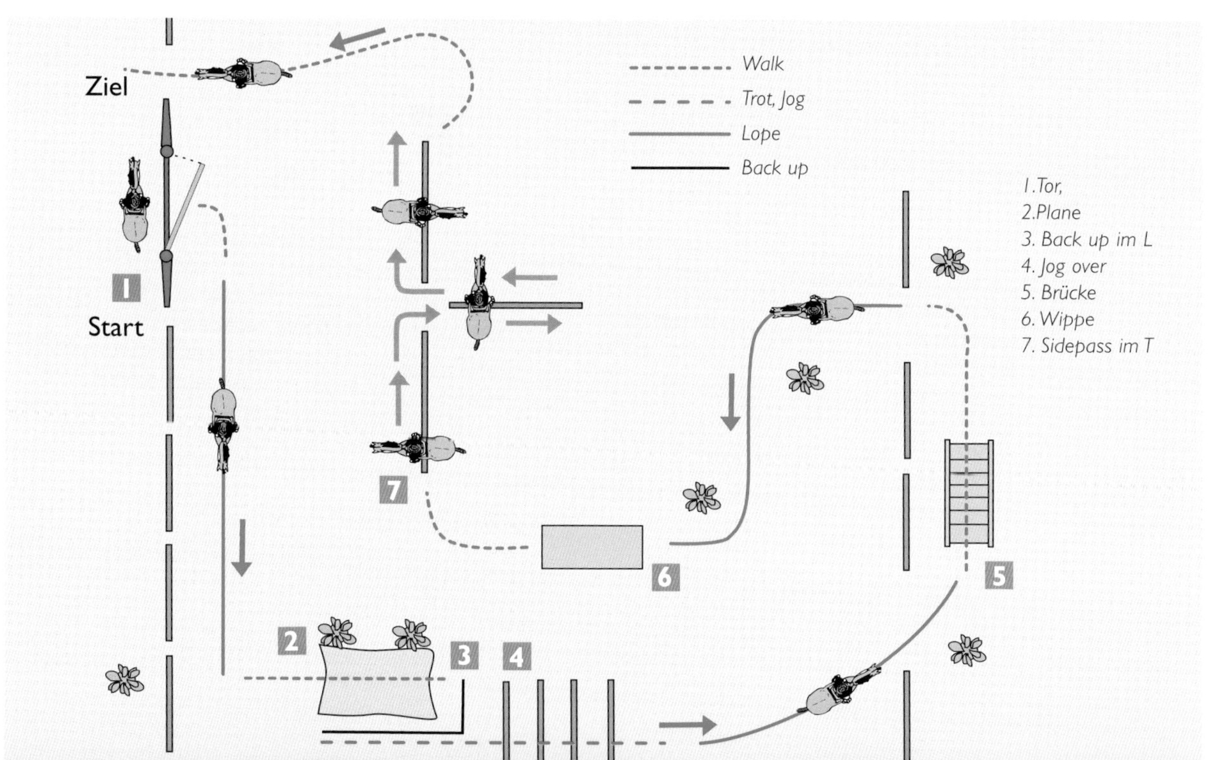
Ziel
Start
Walk
Trot, Jog
Lope
Back up
1. Tor,
2. Plane
3. Back up im L
4. Jog over
5. Brücke
6. Wippe
7. Sidepass im T
1
2
3
4
5
6
7

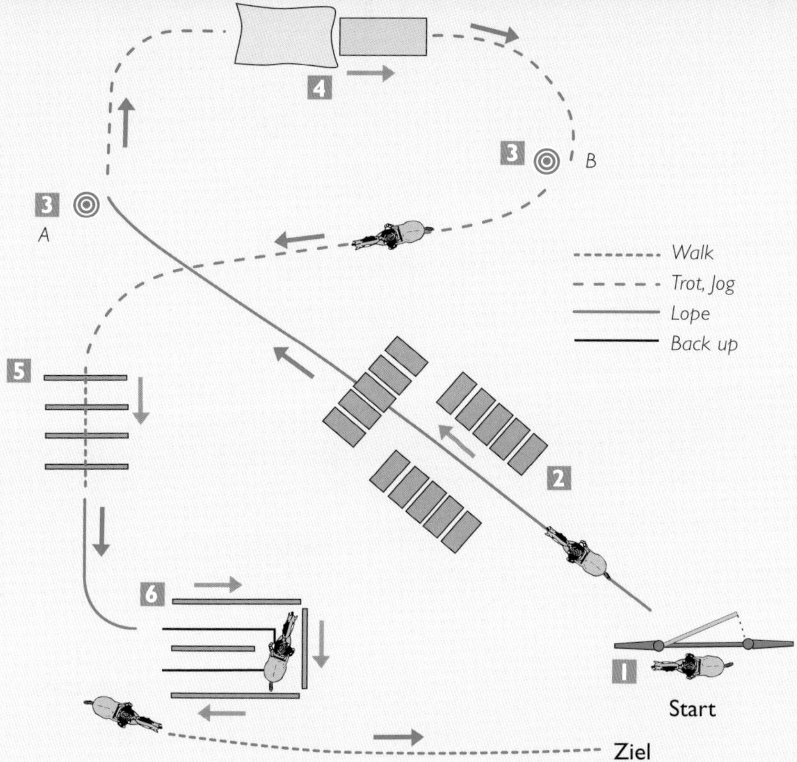

4
3 ◎ B
3 ◎ A
Walk
Trot, Jog
Lope
Back up
5
2
6
1
Start
Ziel
1. Tor rückwärts
2. Sprunggasse mit Sprung über Strohballen
3. A Fahne aufnehmen
4. Plane plus Wippe
3. B Fahne ablegen
5. Walk over erhöht
6. Rückwärts durch U
10

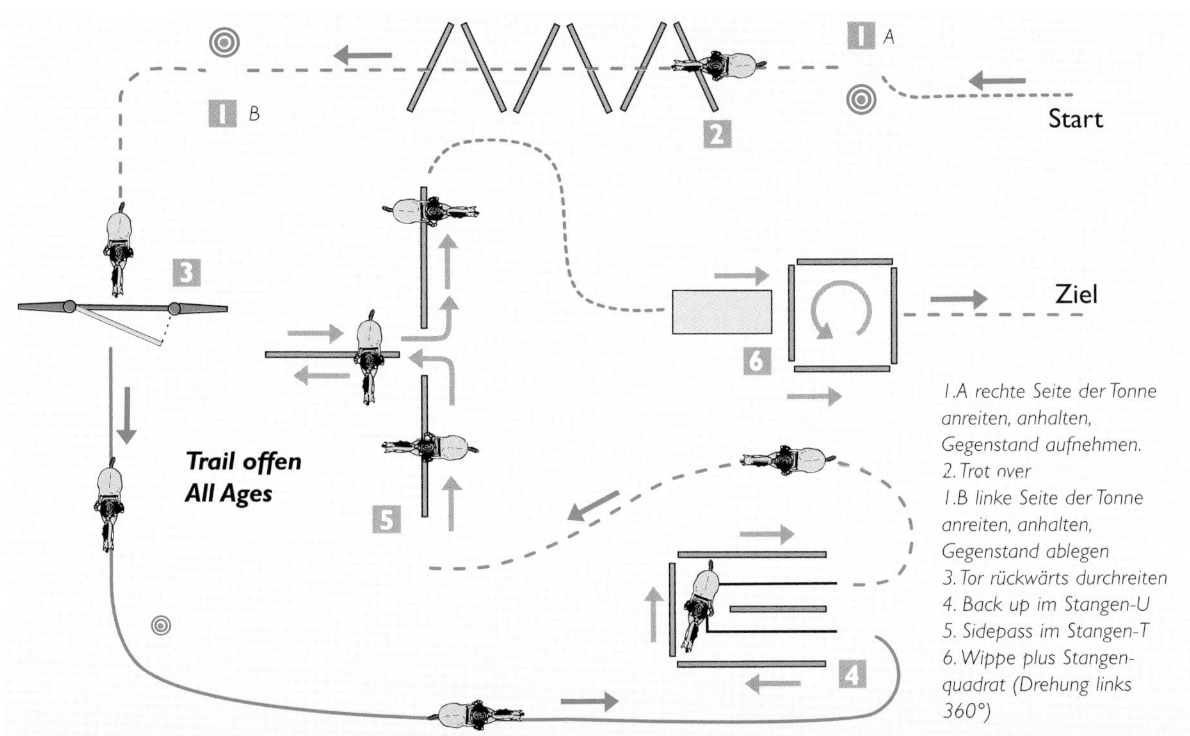
I A
Start
I B
Ziel
3
6
Trail offen
All Ages
5
4
1.A rechte Seite der Tonne
anreiten, anhalten,
Gegenstand aufnehmen.
2. Trot over
1.B linke Seite der Tonne
anreiten, anhalten,
Gegenstand ablegen
3. Tor rückwärts durchreiten
4. Back up im Stangen-U
5. Sidepass im Stangen-T
6. Wippe plus Stangen-
quadrat (Drehung links
360°)

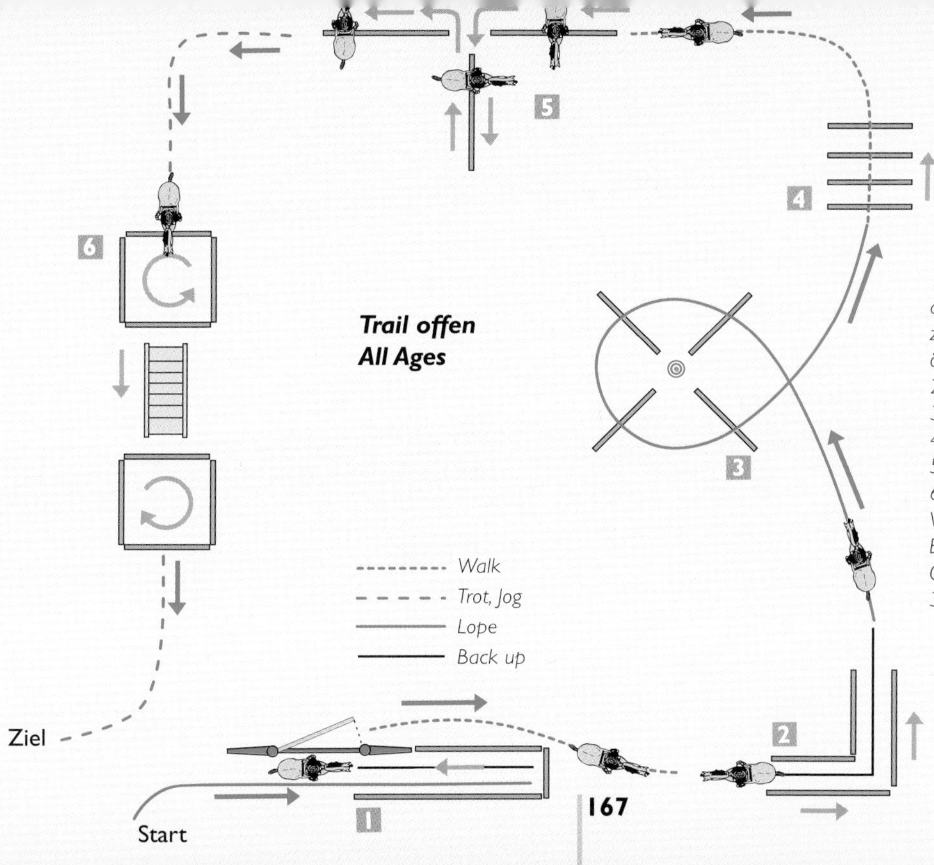

1. In Gasse galoppieren, anhalten, rückwärts zum Tor, Tor mit links öffnen und durchreiten
2. Rückwärts durchs L
3. Lope over
4. Walk over
5. Sidepass im T
6. Quadrat mit 360°-Wendung links

Brücke

Quadrat mit 360°-Wendung rechts

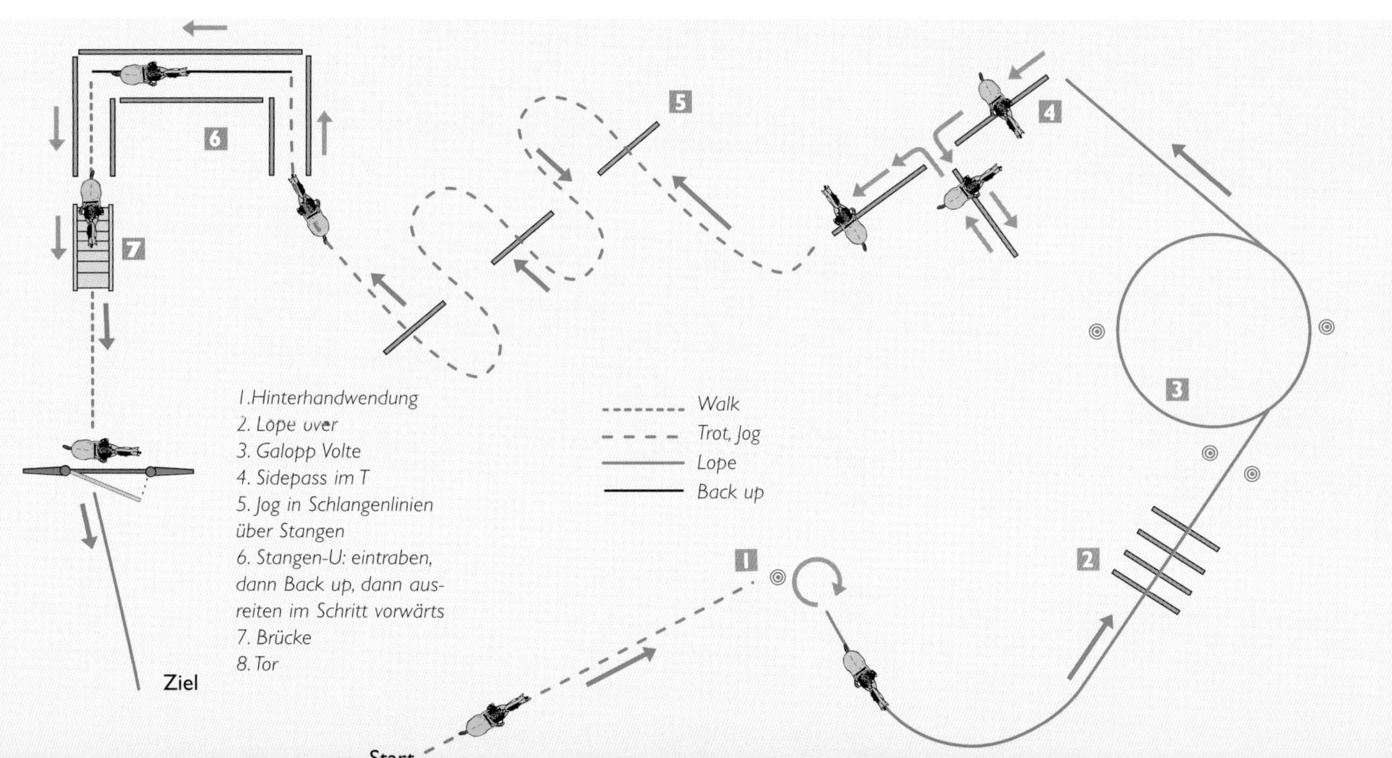
Start
Ziel
1
2
3
4
5
6
7
1. Hinterhandwendung
2. Lope over
3. Galopp Volte
4. Sidepass im T
5. Jog in Schlangenlinien
über Stangen
6. Stangen-U: eintraben,
dann Back up, dann aus-
reiten im Schritt vorwärts
7. Brücke
8. Tor
Walk
Trot, Jog
Lope
Back up

1. Tor
2. Sidepass mit
Wechsel
erst Vorhand durch
Lücke, dann
Hinterhand durch
Lücke
3. Trot over ins
Quadrat, Wendung
360° links
4. Brücke plus
Wippe
5. Sprung
6. Back up in
Schlangenlinien
7. Rahmen:
Vorderhufe im
Rahmen 360°
Vorhandwendung
rechts, beim
Ausreiten müssen
die Hinterhufe in
den Rahmen treten

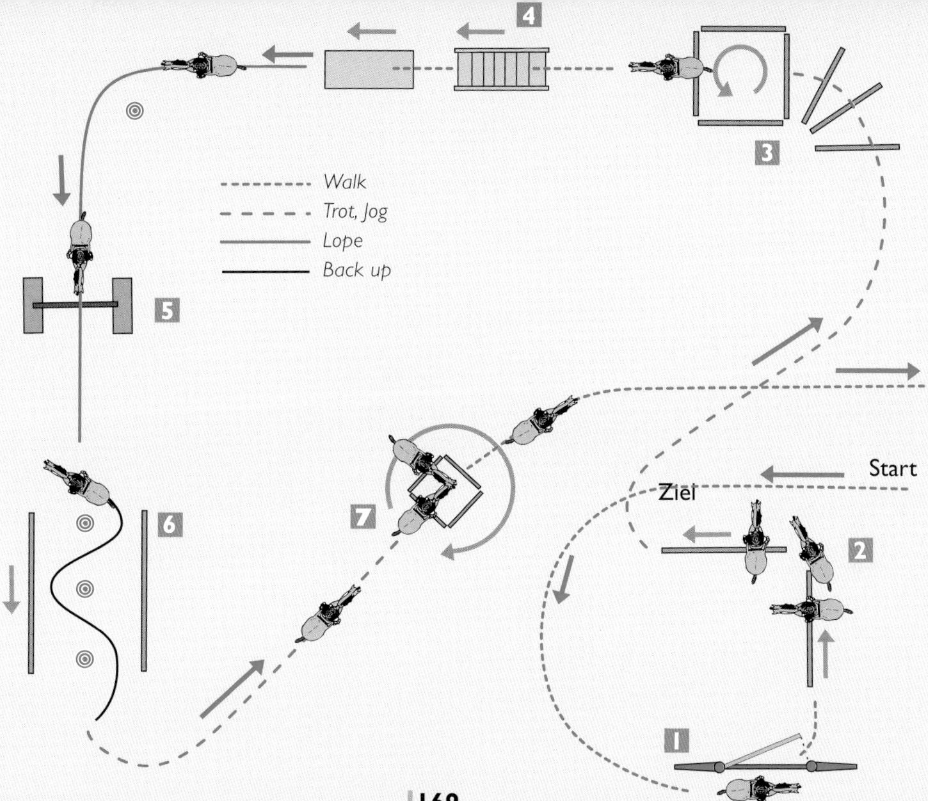

10

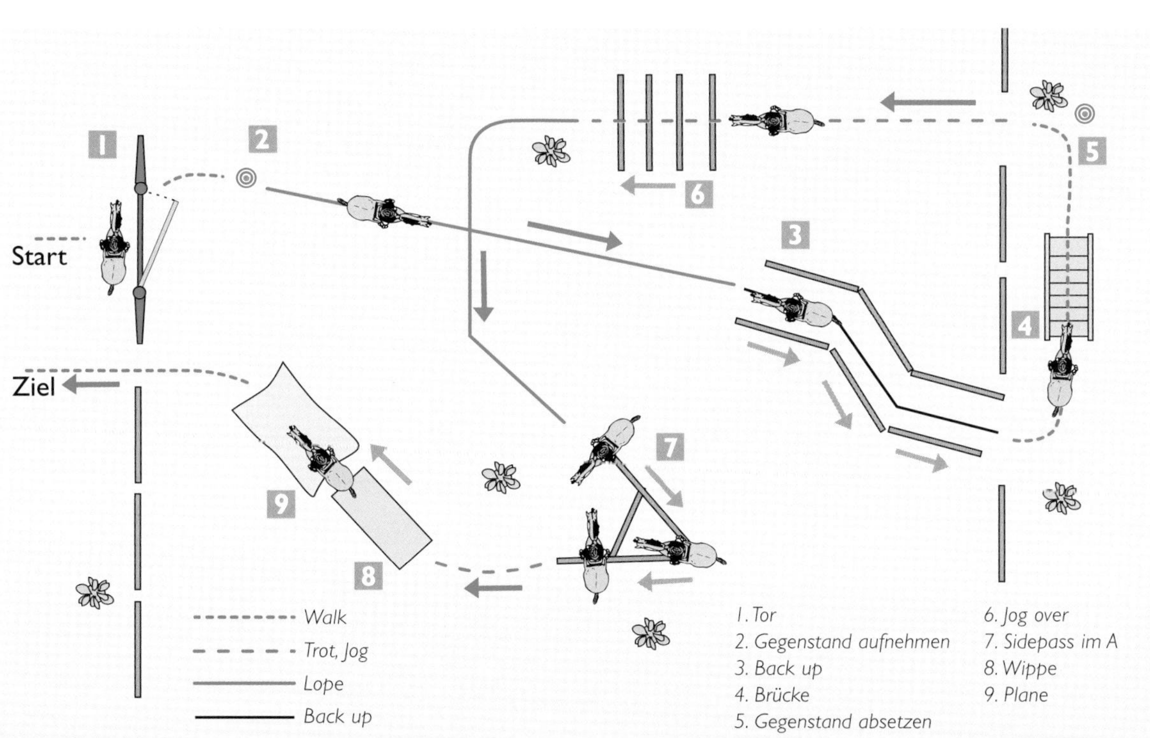
Start
Ziel
1
2
3
4
5
6
7
8
9
Walk
Trot, Jog
Lope
Back up
1. Tor
2. Gegenstand aufnehmen
3. Back up
4. Brücke
5. Gegenstand absetzen
6. Jog over
7. Sidepass im A
8. Wippe
9. Plane

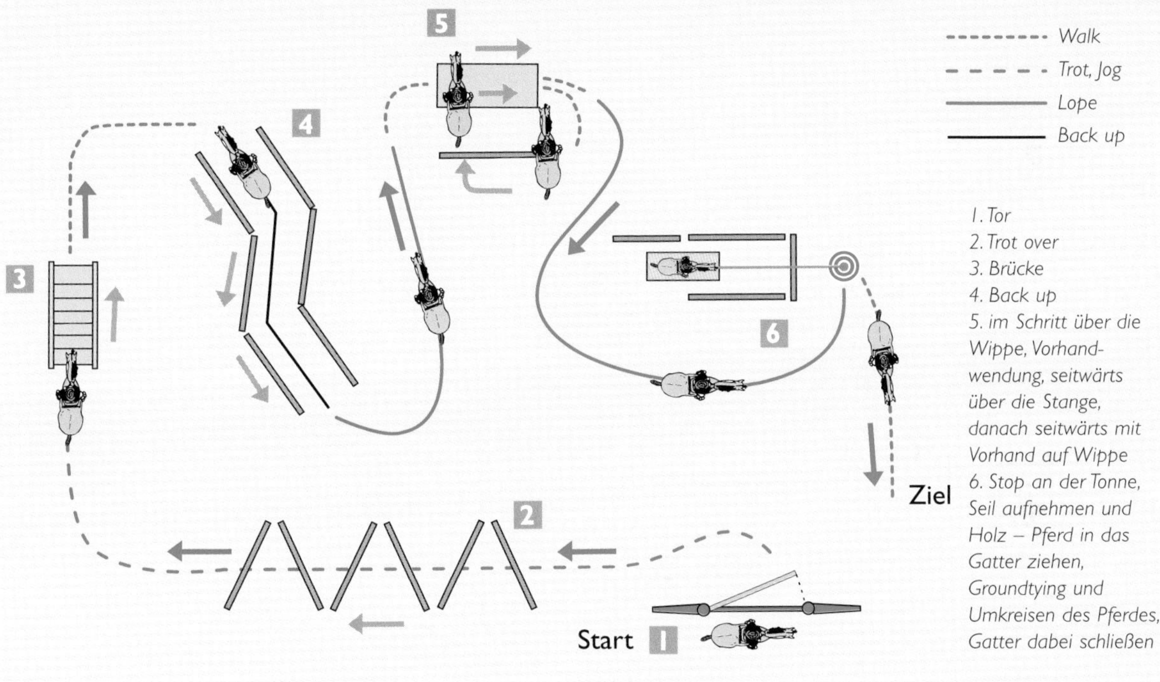

Walk
Trot, Jog
Lope
Back up

5
4
3
6
2
Start
Ziel

1. Tor
2. Trot over
3. Brücke
4. Back up
5. im Schritt über die Wippe, Vorhand-wendung, seitwärts über die Stange, danach seitwärts mit Vorhand auf Wippe
6. Stop an der Tonne, Seil aufnehmen und Holz – Pferd in das Gatter ziehen, Groundtying und Umkreisen des Pferdes, Gatter dabei schließen

10

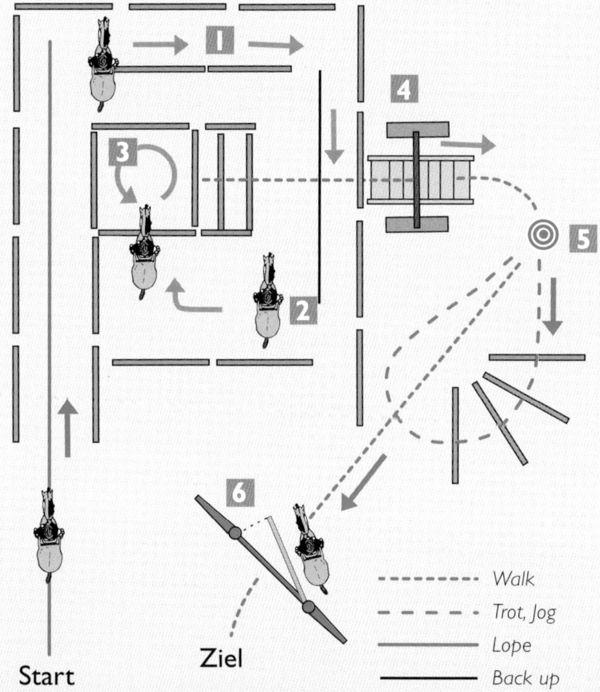

1. Galopp in Gasse, Sidepass nach rechts über Stange
2. Back up und Sidepass nach links
3. Schritt ins Quadrat und 360°-Wendung links anschließend Walk over
4. Brücke mit Stange
5. Fahne aufnehmen, Trot over, Fahne ablegen
6. Tor aufziehen, durchreiten, schließen, ausreiten im Schritt
Start
Ziel
Walk
Trot, Jog
Lope
Back up

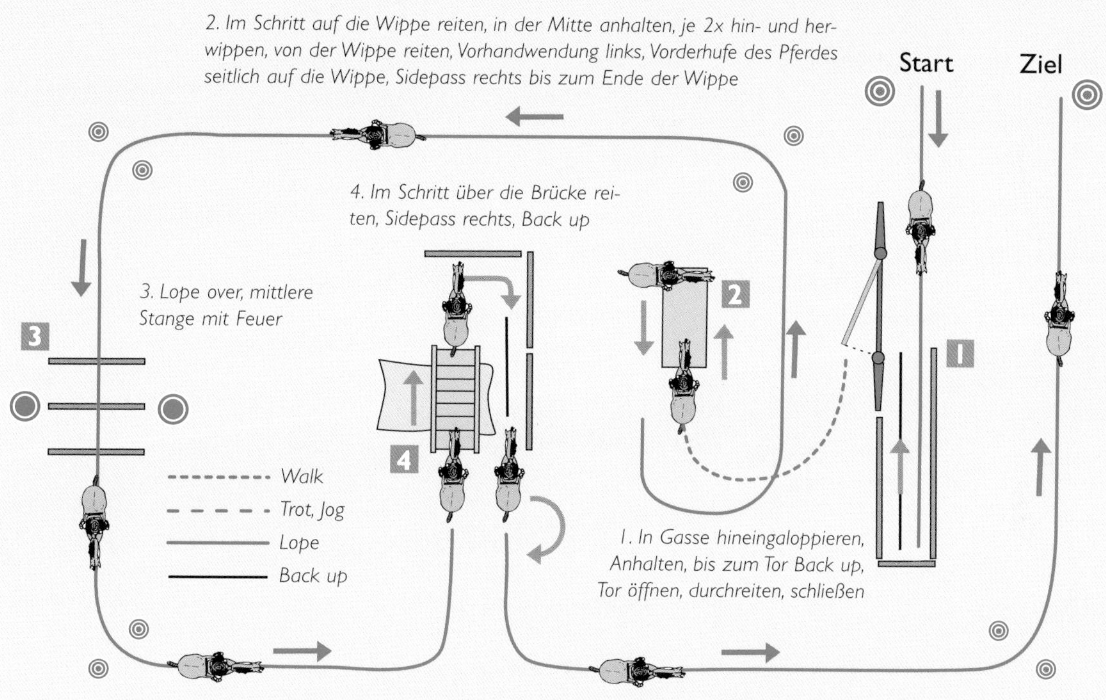

Start

Ziel

2. Im Schritt auf die Wippe reiten, in der Mitte anhalten, je 2x hin- und her-
wippen, von der Wippe reiten, Vorhandwendung links, Vorderhufe des Pferdes
seitlich auf die Wippe, Sidepass rechts bis zum Ende der Wippe

4. Im Schritt über die Brücke reiten, Sidepass rechts, Back up

3. Lope over, mittlere
Stange mit Feuer

Walk
Trot, Jog
Lope
Back up

1. In Gasse hineingaloppieren,
Anhalten, bis zum Tor Back up,
Tor öffnen, durchreiten, schließen

3

2

4

1

10

Hinweise für das Turnier

Zu einer erfolgreichen Turnierteilnahme gehört mehr als nur das Trainieren von diversen Hindernissen. Die andere Umgebung, neue Hindernisse, Publikum, Musik, Bandenwerbung und andere Pferde können Ihr Pferd so ablenken, dass Sie mit seiner Leistung alles andere als zufrieden sind. Aber auch Sie stehen unter diesen Einflüssen und sind deshalb nicht so gelassen wie auf Ihrem heimatlichen Trainingsplatz. Es fehlt ganz einfach an Routine. Besonders junge Pferde brauchen eine Reihe von Starts, bevor sie ausgeglichen und konzentriert einen Parcours bewältigen können. Es ist deshalb empfehlenswert, kleine, unwichtige Turniere zu Übungszwecken zu nutzen. Dort können Sie Ihr Pferd an die vielen neuen und »schrecklichen« Dinge gewöhnen, ihm Ruhepausen gönnen und sich Zeit bei der Korrektur in einem Hindernis nehmen. Wird z.B. eine Plane oder eine Brücke verweigert, so können Sie absteigen, Ihr Pferd hinüberführen und damit Vertrauen aufbauen.

Zu Beginn Ihrer Turnierkarriere sollten Sie Ihre Erwartung nicht zu hoch ansetzen. Geben Sie Ihrem Pferd und auch sich genügend Zeit. Die Anzahl der möglichen Fehlerquellen ist sehr groß, sodass die nachfolgenden Hinweise und Tipps dazu beitragen sollen, das meiste davon zu vermeiden.

Turniervorschriften

Jeder Verein oder Verband hat seine Richtlinien, nach denen Turniere ausgerichtet werden, in einem Regelbuch festgehalten. Dieses Regelbuch gibt Auskunft über alle Wettbewerbsbestimmungen wie z.B. Mitgliedschaft, Ausrüstung, Kleidung, Anzahl und Art der Hindernisse, Klasseneinteilung, Turnierablauf und Bewertung.

Da die Regelbücher der einzelnen Westernreitvereine nicht identisch sind und auch immer wieder Änderungen beschlossen sein können,

sollten Sie vor Turnierteilnahme das
jeweils gültige Regelbuch genau
studieren. Verstöße gegen die Vor-
schriften können vermieden werden.

Die meisten Vereine oder Verbände
geben in einem zeitlichen Rhythmus
eine Zeitschrift heraus, in der die
Ausschreibungen für die Turniere
abgedruckt sind. Auch hier können
wichtige Hinweise für eine Trail-
Prüfung enthalten sein.

Sollten Sie in einer Ausschreibung
auf eine Trail-Prüfung stoßen, in der
der Zeitfaktor eine Rolle bei der
Bewertung spielt, so melden Sie
sich für eine solche Prüfung bitte
nicht.

Eine Zeitwertung ist für das Trail-
Reiten ungeeignet. Sie widerspricht
geradezu dem Sinn des Trail-Rei-

tens. Die Zeit darf bei der Bewertung keine Rolle spielen, da gerade
Ruhe und Vorsicht im Vordergrund
stehen.

Vorbereitung

Da die meisten Turniere an einem
Samstag oder Sonntag ausgetragen
werden, dient der Freitagabend der
Vorbereitung. Überlegen Sie genau,
welche Ausrüstungsgegenstände für
Pferd und Reiter im Auto oder
Hänger unterzubringen sind.

Liste für das Pferd

Sattel
Pat
Kopfstück
Impfausweis
Startnummern
Putzkiste

Fliegendecke
Fliegenspray
Wassereimer
Gefülltes Heunetz
Reserve-Heu
Paddock-Stangen
Elektroband
Schlaggerät

Liste für den Reiter

Hut (vorgeschrieben)
Hemd (vorgeschrieben)
Reithose (vorgeschrieben)
Stiefel (vorgeschrieben)
Chaps
Ersatzhemd
Kopie der Meldung
Meldebestätigung
Geld
Waschzeug
Wegbeschreibung

Autopapiere
Hängerpapiere

Studieren Sie genau die Wegbeschreibung und schätzen Sie die Fahrtzeit großzügig ein (Stau!). Legen Sie den Zeitpunkt der Abfahrt so fest, dass Sie 2 Stunden vor Prüfungsbeginn den Turnierort erreichen. Dadurch haben Sie genügend Zeit, die Meldestelle aufzusuchen, den Paddock aufzubauen, Ihr Pferd nochmals zu putzen, sich umzuziehen, die Pattern zu studieren und Ihr Pferd in Ruhe abzureiten.

Erscheinungsbild

Die meisten Richter lassen sich, und sei es unbewusst, vom äußeren Erscheinungsbild der Pferd-Reiter-

Kombination beeinflussen. Sattel, Zaumzeug und die Kleidung des Reiters müssen sauber und gepflegt sein. Passende und farblich aufeinander abgestimmte Kleidung und Ausrüstung (z.B. Pad) ist Voraussetzung für ein harmonisches Erscheinungsbild.

Silberbeschlagener Sattel und paillettenbehangene Blusen oder Westen sind nicht nötig und werden auch nicht höher bewertet. Aber ein brauner Hut über einem orangefarbenen Hemd und einem lila Pat müssen auch nicht sein. Leder-Chaps sind keine Pflicht, werden aber häufig getragen. Eine farbliche Abstimmung ist dabei wieder geboten. Denken Sie auch daran, dass Ihr Hemd während der Prü-

fung an Kragen und Ärmeln zugeknöpft sein muss.

Startvorbereitung

Bei der gesamten Vorbereitung nach Eintreffen auf dem Paddock-Parkplatz ist es wichtig, dass alles was Sie tun – bis zum Eintritt in die Arena – ruhig abläuft.
Wie empfohlen haben Sie genügend Zeit bis zum Start. Bauen Sie zunächst den Paddock auf, damit Ihr Pferd sich schon mit der Umgebung vertraut machen kann. Den Weg zur Meldestelle können Sie verbinden mit dem Wasserholen. Durch einen Blick in das Programmheft kontrollieren Sie die Startzeit für Ihre Prüfung und »überfliegen« die Trail-Pattern. In aller Ruhe können Sie sich Ihrem

Pferd widmen und für sauberes Fell sowie gekämmte Mähne und Schweif sorgen.
Sattel und Zaumzeug liegen, nochmal gereinigt, bereit und die Startnummern sind angebracht. Nachdem auch Sie sich »fein« gemacht haben, müssen Sie genauestens die Pattern studieren und auswendig lernen.

Pattern lernen

Jeder Trail-Parcours ist individuell aufgebaut. Lediglich die vorgeschriebenen Hindernisse sind vorher bekannt. Da jeder Parcours anders aussieht, ist der Trail-Reiter gezwungen, immer wieder aufs Neue die Pattern auswendig zu lernen. Dazu hat er mindestens eine Stunde Zeit, denn mindestens eine

Stunde vor Prüfungsbeginn muss die Pattern bekannt gegeben werden. Den Zeichnungsplan erhält man entweder mit den Startnummern bei der Meldestelle und er wird an dafür vorgesehenen Stellen ausgehängt. Oftmals ist die Skizze auch im Programmheft abgedruckt. Auf dem Plan sind alle Hindernisse, Gangarten und Manöver eingezeichnet.

Die Reihenfolge der Hindernisse, die Gangarten zu den Hindernissen und die sonstigen Anweisungen wie Stopps, Verharren oder Wendungen gilt es sich einzuprägen. Auch die Richtung von Drehungen (z.B. im Quadrat) oder beim Sidepass ist vorgeschrieben und muss beachtet werden. Jeder eingezeichnete Pylon oder Pflanzkübel hat einen Sinn. Es ist deshalb wichtig, nicht nur auf die Haupthindernisse und die Gangarten zu achten, sondern sein Augenmerk auch auf die vermeintlichen Kleinigkeiten zu legen. Hierzu einige Beispiele aus den abgebildeten Pattern:

Seite 153: Die Abbildung beinhaltet 7 Bäumchen. Alle 7 sind genau zu beachten. Das erste Bäumchen muss beim Einreiten rechts vom Reiter stehen, genau am zweiten soll der Übergang von Jog in Lope erfolgen und es muss sich rechts vom Reiter befinden, das Dritte steht in der Lope-Kurve links vom Reiter, durch Nr. 4 und 5 ist mittig hindurchzureiten, das sechste sollte in der Lope-Kurve rechts stehen und schließlich steht das siebte beim Ausreiten wieder rechts.

Seite 158: Zwischen Hindernis 5 und 6 ist scheinbar achtlos ein Pylon eingezeichnet. Dieser muss auf seiner rechten Seite im Walk umgangen werden.

Seite 159: Bei 4A muss die Tonne beim Aufnehmen des Gegenstandes rechts stehen, während bei 4B die Tonne beim Ablegen links vom Pferd stehen sollte.
Es muss also einmal übergegriffen werden.

Seite 161: Bei 5A und 5B steht der Pylon für die Fahne auch hier einmal links und einmal rechts.

Seite 169: Direkt nach dem Tor ist erst ein Sidepass nach rechts gefordert und dann nach links. Eine umgekehrte Reihenfolge hätte eine 0-Punkte-Wertung zur Folge. Prägen Sie sich bitte solche automatisch durch die Zeichnung entstehenden Hinweise genauestens ein, denn Ihre Anspannung während der Prüfung ist nicht zu unterschätzen. Wie wichtig dies sein kann, hat das Finale der Deutschen Meisterschaft 1997 in Münster gezeigt. Dort ritten gleich 2 Teilnehmer die zweite Tonne zum Ablegen der Fahne von der falschen Seite an. Die Folge war der letzte bzw. vorletzte Platz.

Schon etwas erfahrene Reiter sollten sich bei der Betrachtung der Pattern eine Strategie hinsichtlich der Gesamtmanier zurechtlegen. Es gibt keinen Trail-Parcours, bei dem nicht Vorhand- oder Hinterhandwendungen eingebaut werden können, auch wenn diese nicht gefordert sind. An Hand der Pattern auf Seite 167 kann dies gleich viermal verdeutlicht werden:

1. Nach dem Lope in die Stangengasse am Tor und dem folgenden Back up ist das Tor vorwärts zu durchreiten. Nach dem Verschließen des Riegels steht das Pferd in Richtung Torangel. Da sich das zweite Hindernis im Rücken des Reiters befindet, ist es besser, statt eines Bogens im Schritt, eine Hinterhandwendung um 180° nach rechts zu reiten und erst dann im Schritt in Richtung Stangen-L zu gehen.

2. Vor dem Stangen-L ist es wieder sinnvoller, die Ausgangsposition für das Back up nicht durch eine kleine Schrittvolte zu erreichen. Auch hier zeugt es von besserer Manier, wenn Sie gerade und mittig bis vor das L reiten, kurz verharren und eine Hinterhandwendung um 180° nach rechts oder links reiten.

3. Auch am Ende des Stangen-L sollte nach dem Back up eine Hinterhandwendung so weit geritten werden (ca. 140°), bis Sie die richtige Ausgangsposition für den Lope erreicht haben.

4. Hindernis 5 fordert nach dem Walk einen Sidepass nach rechts. Natürlich können Sie im Schritt einen Bogen so reiten, dass Sie die richtige Position für den Sidepass erreichen. Wesentlich gekonnter ist,

gerade und etwas links versetzt auf die Stange zuzureiten und kurz vor der Stange zu stoppen. Eine exakte Vorhandwendung 90° nach links bringt Sie in die richtige Ausgangsposition für den Sidepass.

5. Schließlich ist am Ende des Stangen-T wieder eine Wendung ratsam (Hinterhandwendung 90° nach links), denn die Zeichnung fordert eindeutig einen Jog im Bogen und nicht direkt in Richtung Quadrat. Einen Parcours auf diese Art zu meistern, bringt Ihnen immer Vorteile. Sie hat darüber hinaus äußerst positive Auswirkung auf Ihr Pferd. Die automatisch entstehende Ruhe durch die Verharrensmomente fördert erheblich die Gelassenheit Ihres Vierbeiners.

Abreiten vor der Prüfung

Beachten Sie bitte folgenden Grundsatz: Das Abreiten vor der Prüfung dient lediglich dem Aufwärmen der Muskulatur und der Erinnerung an bestimmte Hilfen. Das Abreiten ist niemals als Training zu betrachten.
Was ein Pferd bis zum Turniertag nicht gelernt hat, wird es und soll

es jetzt auch nicht mehr lernen. Normalerweise enthält jeder Parcours alle Basiselemente wie Wendungen, Seitwärts- und Rückwärtsgänge. Neben den Grundgangarten sollten Sie diese Manöver in aller Ruhe Ihrem Pferd abverlangen und es somit für die Hilfengebung sensibilisieren. Da Sie die Pattern schon kennen, sollten Sie Ihr Augenmerk nur auf die geforderten Dinge legen.

Wie intensiv Sie Ihr Pferd abreiten, hängt vom jeweiligen Pferdetyp ab. Bei manchen Pferden ist der so genannte Kaltstart vorteilhaft, andere müssen einige Zeit locker galoppiert werden.

Wieder andere würden durch eine Galopp-Phase nur aufgeheizt und noch nervöser werden. Im allgemeinen reicht eine ruhige Aufwärmphase im Schritt, Trab und kurzem Galopp mit eingebauten Übungen wie Sidepass, Wendung und Back up. Entscheidend ist, dass Sie selber ruhig bleiben und versuchen, Einigkeit und Vertrauen aufzubauen.

Beobachten der Konkurrenz

Da die Pattern-Zeichnung nicht unbedingt die Schwierigkeiten des Parcours verdeutlicht, ist es besonders wichtig, sich diesen im Original anzuschauen. Findet die Prüfung in einer Halle statt, ist dies schwieriger, als wenn der Trail auf einem Außenplatz aufgebaut ist. Notfalls übergeben Sie Ihr Pferd vorübergehend einem Helfer.

Betrachten Sie genau die einzelnen Hindernisse, deren Abmessung und Lage in der Arena, die Länge der Zwischengänge, die Beschaffenheit des Bodens, Standort von Bandenwerbung und Lautsprecher sowie Nähe der Zuschauer.

Aus diesen Beobachtungen können Sie Rückschlüsse für Ihre Verhaltensweisen während der Prüfung ziehen.

Ideal ist es, wenn Sie die vor Ihnen startenden Reiter beobachten können. Deren Ritte verraten Ihnen besonders komplizierte Stellen des Parcours, ob die Verriegelung des Tores leichtgängig ist oder sogar quietscht, welchen Ausschlag die Wippe hat, wie sich die Plane unter den Hufen der Pferde verhält und nicht zuletzt wo sich die Richter während des Rittes aufhalten. Diese

Beobachtungen sollten Sie für Ihr Verhalten während der Prüfung nutzen.

Während der Prüfung

Aus der Starterliste mit der Startreihenfolge haben Sie entnommen, an welcher Stelle Sie Ihren Ritt absolvieren dürfen. Reiten Sie Ihr Pferd vorher noch etwas ruhig im Schritt, während dessen Sie gedanklich den Parcours durchlaufen. Da die Teilnahme am Turnier der Entspannung dienen sollte, unterwerfen Sie sich bitte nicht dem Zwang, unbedingt siegen zu müssen. Lassen Sie sich von der Leistung des Pferdes überraschen und bleiben Sie ganz ruhig. Damit können Sie versuchen, die hinderliche Verspannung während der Prüfung zu vermei-

den. Der Doorman wird Ihnen das Zeichen zum Betreten der Arena geben. Warten Sie das »Okay-Zeichen« des Richters ab und vergessen Sie nicht zu grüßen. Auch wenn ein Trail-Parcours flüssig durchritten werden soll, bedeutet dies nicht, die Hindernisse im Eiltempo hinter sich zu bringen. Reiten Sie deshalb langsam und in Ruhe jedes Hindernis an. Auch innerhalb der Hindernisse sollten Sie Ihr Pferd so langsam wie möglich bewegen.

Der Sidepass kann im Zeitlupentempo erfolgen. Die Drehung im Quadrat muss ganz langsam erfolgen, weil nur so der Wechsel von kleinen Vorhand- und Hinterhandwendungen möglich ist. Das Back up im Stangen-L kann schleichend erfolgen, so lange nicht unnötige

Stopps eingebaut werden. Natürlich darf man in der Prüfung nicht nach der Methode »Schritt-Stopp-Schritt-Stopp« vorgehen, sondern nach dem Schema »Schritt-Schritt-Schritt«, aber eben ganz langsam. Stopps sind nur angebracht, wenn das Ende einer Aufgabe angezeigt werden soll oder wenn eine Richtungsänderung erfolgt. Ist z.B. ein Back up beendet, sollte ein kurzes Verharren erfolgen, bevor Sie das Pferd wenden. Auch nach der Wendung sollte ein ganz kurzes Verharren folgen, ehe Sie das nächste Hindernis angehen. Würde man das Pferd noch während der Rückwärtsbewegung abwenden, sähe dies hektisch und unkontrolliert aus. Sie müssen dem Richter stets den Eindruck vermitteln, dass Ihr

Pferd für jeden Schritt auf Ihre Hilfe wartet.

Bei einem vorgeschriebenen Stopp müssen Sie mehrere Sekunden lang verharren. Ihr Pferd sollte dabei geduldig auf das Kommando zum Weitergehen warten. Zur guten Manier gehören waagerechter Hals des Pferdes, »Square« stehen und lose Zügel. Reiter und Pferd wirken damit entspannt.

Bei einem Überreithindernis, Walk-over oder Trot-over, reiten Sie gerade und langsam auf die Stangen zu, damit Ihr Pferd die Chance erhält, richtig aufzuhufen.

Sollte Ihr Pferd innerhalb eines Hindernisses nervös werden, müssen Sie selber »cool« bleiben und nur sehr vorsichtig Korrekturen anwenden. Lassen Sie Ihren Schützling einige Sekunden stehen, damit er sich wieder beruhigt. Zu harte Korrekturen und Nervosität Ihrerseits legen den Grundstein für das Misslingen der folgenden Aufgabe. Verweigert Ihr Pferd ein Hindernis (meistens bei Brücke, Plane, Wippe), geschieht dies aus Unsicherheit und Angst. Deshalb muss Ihnen immer bewusst sein, dass Strafen in dieser Situation schädlich ist. Der Einsatz von Sporen und starker Zügelhilfe bringt meistens nicht den gewünschten Erfolg. Es entsteht nur ein Kampf zwischen Reiter und Pferd, den Sie verlieren werden. Eine solche Auseinandersetzung müssen sie in einer Prüfung vermeiden. Sie sollten Ihr Pferd gut genug kennen, um sofort beurteilen zu können, ob es das Hindernis innerhalb der nächsten Minute angehen wird oder nicht. Versuchen Sie, Ihr Pferd mit so wenig wie möglich Schenkel- und Zügeleinsatz doch noch umzustimmen. Dafür sollten Sie ihm maximal drei Versuche geben. Mit der Beachtung dieses ungeschriebenen Gesetzes zeigen Sie dem Richter, dass Sie erkannt haben, dass weitere Versuche erfolglos sind. Weiterhin vermeiden Sie, dass der Richter oder Ringsteward Sie auffordert, zum nächsten Hindernis überzugehen. Der Gesamteindruck wird durch Ihre einfühlsame Entscheidung positiv beeinflusst. Ihre frühzeitige Einsicht hat noch den Nebeneffekt, dass die Chance für ein gutes Gelingen bei den folgenden Hindernissen viel größer ist, als wenn Sie durch weitere und unkontrollierte Versuche das Pferd noch ängstlicher und nervöser gemacht hätten. Sie erhalten zwar für das Auslassen eine 0-Punkte-Wertung für dieses Hindernis, haben aber die Hoffnung auf gute Bewertungen für die folgenden Aufgaben.

Haben Sie das letzte Hindernis überwunden, dürfen Sie nicht vergessen, dass die vorgeschriebene Gangart zum Ausgang noch zur Prüfung gehört. Auf keinen Fall dürfen Sie Ihr Pferd mit Ihrer Hand loben, bevor Sie Ihr Pferd gestoppt und zum Richter gegrüßt haben. Erst dann ist die Prüfung beendet. Für die Reiter, die einhändig reiten, noch der Hinweis, dass während der gesamten Prüfung mit der freien Hand nicht in die Zügel gegriffen werden darf. Dies hätte einen Ausschluss aus der Gesamtwertung zur Folge.

Bewertung

Von einem idealen Trail-Pferd wird erwartet, dass es ruhig und ausgeglichen erscheint und sich auch vor ungewohnten Hindernissen nicht erschreckt. Es sollte stets aufmerksam an den Hilfen des Reiters stehen und diesen ohne Widerstand Folge leisten. Es beobachtet die Hindernisse und bewältigt sie ohne überflüssige Tritte. Die vorgeschriebenen Gangarten werden vom Pferd an den entsprechenden Stellen aufgenommen und zeigen angenehme Bewegungen für den Reiter. Bei der Beurteilung einer Trail-Prüfung geht es nicht allein um die rein technische Bewältigung der Hindernisse. Auch Eigenschaften des Pferdes spielen dabei eine bedeutende Rolle. Diese sind absolut rasseunabhängig.

Das Gesamtergebnis eines Rittes setzt sich zusammen aus den Kriterien:
1) Technisch richtige und sinnvolle Bewältigung des Hindernisses
2) Manier des Pferdes: Ausstrahlung, Temperament, Aufmerksamkeit
3) Gangqualitäten des Pferdes

Zu 1. Für die technisch richtige Bewältigung zwei Beispiele:
a) Das Tor bewältigt ein Reiter technisch richtig, wenn er während des Öffnens, Durchreitens und Schließens ständig Kontrolle über

den Torflügel ausübt und die Toröffnung möglichst knapp gehalten wird.

b) Bei einem Jog-over-logs besteht die technisch richtige Bewältigung darin, dass das Pferd im rhythmischen Gleichgewicht mit jedem Huf mittig zwischen die Stangen tritt, ohne diese zu berühren. Unter sinnvoller Bewältigung ist z.B. zu verstehen, dass mit dem Pferd nicht mehr Schritte oder Wendungen gemacht werden, als für ein Hindernis unbedingt notwendig sind. Da auch die Annäherung an ein Hindernis bewertet wird, sollte es ohne Zögern und sinnvoller Schrittfolge an dieses herantreten.

Zu 2. Das ideale Trail-Pferd zeigt ein gelassenes, unerschrockenes und ausgeglichenes Wesen. Es steht gut an den Hilfen, beobachtet mit abgesenktem Kopf das Hindernis und achtet selbst darauf, wohin es seine Hufe setzt. Dies gilt nicht nur für ein einzelnes Hindernis, sondern auch für den Gesamteindruck der Vorführung.

Zu 3. Das bedeutet, dass das Pferd die geforderte Gangart zwischen den Hindernissen rechtzeitig aufnehmen und dabei weiche Übergänge liefern soll. Dabei sollen keine starken Hilfen des Reiters notwendig sein. Es sollte angenehme Gänge erkennen lassen und selbstverständlich den richtigen Handgalopp bei einer gebogenen Linie zeigen.

Richtschema

Dem Richter steht ein vorgedrucktes Beurteilungsformular (score-sheet) zur Verfügung, in das der Ringsteward nach seinen Angaben folgendes einträgt: In die waagerechten Kästchen die Hindernisse 1 bis 6 und deren Bewertung pro Teilnehmer, in die linke senkrechte Spalte die Startnummern der Teilnehmer.

Das deutsche System vergibt Wertnoten von 0 bis 8 für die Bewältigung des Hindernisses sowie bis zu 2 Punkten für die gezeigte Manier. Mithin sind bis zu 10 Punkte für jedes Hindernis möglich. Zusätzlich werden sowohl für die Gesamtmanier als auch für die Gangarten zwischen 0 und 5 Punkte vergeben. Bei 6 Hindernissen ist somit eine Höchstnote von 70 Punkten für einen Ritt möglich. Bei dem amerikanischen Bewertungssystem erfolgt die Punktvergabe mit umgekehrter Bedeutung: 0 Punkte ist die Höchstbewertung. Die Addition der Punkte ergibt die Platzierung in der rechten Spalte des Scoreblattes.

Das ausgefüllte Scoreblatt kann nach der Prüfung eingesehen werden. Dies gibt dem Teilnehmer die Möglichkeit, seine Beurteilung besser nachvollziehen zu können. Das abgedruckte Scoreblatt stellt ein willkürliches Beispiel dar und soll dem besseren Verständnis dienen. Zur Bewertung müssen Sie weiterhin wissen, dass eine Abweichung von der vorgeschriebenen Reihenfolge der Hindernisse, und

damit auch das Vergessen eines Hindernisses, die Disqualifikation zur Folge hat. Wird ein Hindernis versucht, aber entweder nicht oder unvollständig überwunden, führt dies lediglich zu einer niedrigen Bewertung dieses Hindernisses. Weitere Angaben finden Sie im Regelbuch eines jeden Vereins oder Verbandes.

So sieht eine Bewertungsliste beim Trail aus.

Turnier:			Datum:							
Richter:			LK		Trail – Amateur					
	1	2	3	4	5	6				
START NR	Tor	Back up	Brücke	Lope over	Side	Wippe	Manier	Gänge	Punkte	Platz
3	6	7.	8	3	7	8	3	2	44	5
17	6	6	6	7	6	6	2	3	42	7
81	7	5	6	6	6	0	2	2	34	8-9
11	8	9	9	7	8	8	4	3	56	2
101	8	8	8	8	/	/	/	/	DQ	DQ
20	0	7	8	7	7	6	2	2	39	8
76	7	7	9	5	7	7	3	2	47	4
9	5	4	5	6	5	0	1	2	28	11
21	9	8	10	9	8	10	4	4	62	1
98	0	4	6	6	5	6	2	2	31	10
43	6	6	7	6	7	6	3	2	43	6
56	7	8	9	8	7	7	4	3	53	3

Der Autor

Gottlieb Fernau lebt mit seiner Familie auf einem eigenen Hof im Rheinland. Er betreibt seit vielen Jahren die Westernreiterei und ist ein Schüler von Jean-Claude Dysli. Besonders mit seinem Quarter-Horse »Sir Cocky Patrick« machte er sich auf unzähligen Turnieren einen Namen. Er ist 12-facher Rheinland-Champion in Western-riding, Horsemanship und Trail. 1995 wurde er Deutscher Mann-schaftsmeister. 1997 war er gewin-ner des Equitana-Trails. Bei der Deutschen Meisterschaft 1997 in Münster errang er den Titel des Deutschen Meisters sowohl im Amateur-Trail als auch im Open-Trail.

Impressum

Die deutsche Bibliothek-CIP-Einheitsaufnahme
Ein Titeldatensatz für diese Publikation ist bei
Der Deutschen Bibliothek erhältlich.
Gottlieb Fernau: Verlasspferde ausbilden
München; Wien; Zürich: BLV 2000
ISBN 3-405-15825-7

BLV Verlagsgesellschaft mbH
München Wien Zürich
80797 München

Bildnachweis
alle Fotos: Gottlieb Fernau
bis auf Seiten 66, 69: Archiv Diacont / Karin Anders
und Seite 1: Lothar Lenz

Umschlagfoto: Ingrid Wedekind
Rückseitenfoto: Lothar Lenz
Grafiken: Kerstin Diacont
Umschlaggestaltung: Parzhuber & Partner, Werbeagentur, München
Layout, Satz, Lithos: Kerstin Diacont
Herstellung: Manfred Sinicki
Gesamtherstellung: Neue Stalling, Oldenburg

Gedruckt auf chlorfrei gebleichtem Papier

Printed in Germany · ISBN 3-405-15825-7

Notizen

Pferde richtig ausbilden.

Jackie Budd
Pferde besser verstehen
Die Natur des Pferdes besser verstehen – Basis für eine gute Beziehung zwischen Mensch und Pferd: Instinktverhalten und Evolution des Pferdes, Charakterzüge und Verhaltensweisen, Lernverhalten, Intelligenz und Ausbildung, Einsichten bekannter »horsemen«.

John Lyons
und Sinclair Browning
Pferdetraining ohne Zwang
Pferdeausbildung mit John Lyons – Nummer eins der Trainer in den USA: effektive Lerneinheiten nach dem System der kleinen Schritte von der Round-pen-Arbeit über die Bodenarbeit bis zur Ausbildung des Pferdes in Dressur und Gelände.

Kerstin Diacont
Bodenarbeit mit Pferden
Alles über Bodenarbeit – vom psychologischen Grundwissen über das Pferdeverhalten bis zur Ausbildungsanleitung mit Übungen aus den Bereichen Dressur und Westernreiten sowie Beispielen zur Korrektur verrittener Pferde.

Selma Brandl
Harmonie im Sattel
Der richtige Umgang mit dem Pferd, seine artgerechte Haltung, die Ausbildung von Pferd und Reiter in allen Reitweisen – mit vielen Abbildungen, die die Faszination der Pferde und des Reitsports eindrucksvoll vermitteln.

Im BLV Verlag finden Sie Bücher zu den Themen: Garten und Zimmerpflanzen • Natur • Heimtiere • Jagd und Angeln • Pferde und Reiten • Sport und Fitness • Wandern und Alpinismus • Essen und Trinken

blv

Ausführliche Informationen erhalten Sie bei:

**BLV Verlagsgesellschaft mbH • Postfach 40 03 20 • 80703 München
Tel. 089 / 12 705-0 • Fax 089 / 12 705-543 • http://www.blv.de**